Kognitives Athletiktraining

AF147162

Reihe herausgegeben von

Daniel Memmert, Institut für Trainingswissenschaft und Sportinformatik, Deutsche Sporthochschule Köln, Köln, Nordrhein-Westfalen, Deutschland

Die Buchreihe *Kognitives Athletiktraining* informiert in praxisorientierten und wissenschaftlich fundierten Einzelbänden über die Durchführung eines kognitiven Athletiktrainings in verschiedenen Sportarten. Jeder Reihentitel greift eine spezifische Sportart auf und beantwortet die übergeordnete Frage: „Mit welchen Spiel- und Übungsformen kann die Kognition parallel zu Athletik und Kondition trainiert werden?" Dabei stehen kognitive Fähigkeiten wie z. B. Wahrnehmung, Kreativität, Antizipation und Aufmerksamkeit sowie konditionelle Fähigkeiten wie Kraft, Ausdauer, Schnelligkeit und Koordination im Fokus.

Die Bücher sind didaktisch-methodisch ausgelegt, enthalten viele Beispiele und überzeugen durch eine kompakte und übersichtliche Aufmachung im Theorieteil. Zahlreiche Fotos und Abbildungen erleichtern die Umsetzung der verschiedenen Spiel- und Übungsformen im Praxisteil, der den wesentlichen Anteil der Bücher ausmacht.

Die Buchreihe richtet sich insbesondere an Trainer*innen im Leistungs- und Breitensport, an interessierte Sportler*innen sowie an Studierende der Sportwissenschaft. Die Autor*innen der Buchreihe lehren und forschen an Universitäten, sind selbst als Trainer*innen aktiv oder engagieren sich in den Dachverbänden der jeweiligen Sportarten.

Daniel Memmert · Sebastian Schwab ·
Claudius Ludwig

Kognitives Athletiktraining im Fußball

Kraft, Ausdauer, Schnelligkeit,
Koordination und kognitive Fähigkeiten
kombiniert trainieren

 Springer

Daniel Memmert 🅾
Institut für Trainingswissenschaft
und Sportinformatik, Deutsche
Sporthochschule Köln
Köln, Nordrhein-Westfalen, Deutschland

Sebastian Schwab
Institut für Trainingswissenschaft und
Sportinformatik, DSHS Köln
Köln, Nordrhein-Westfalen, Deutschland

Claudius Ludwig
Köln, Nordrhein-Westfalen, Deutschland

ISSN 3005-1703   ISSN 3005-1711   (electronic)
Kognitives Athletiktraining
ISBN 978-3-662-71274-0   ISBN 978-3-662-71275-7   (eBook)
https://doi.org/10.1007/978-3-662-71275-7

Die Deutsche Nationalbibliothek verzeichnet diese Publikation in der Deutschen Nationalbibliografie; detaillierte bibliografische Daten sind im Internet über https://portal.dnb.de abrufbar.

Einbandabbildung: Das Bild wurde mit KI generiert (Adobe Stock 1094076296)

Planung/Lektorat: Ken Kissinger
Springer Spektrum ist ein Imprint der eingetragenen Gesellschaft Springer-Verlag GmbH, DE und ist ein Teil von Springer Nature.
Die Anschrift der Gesellschaft ist: Heidelberger Platz 3, 14197 Berlin, Germany

Wenn Sie dieses Produkt entsorgen, geben Sie das Papier bitte zum Recycling.

Geleitwort Dzsenifer Marozsán

Der moderne Fußball ist komplexer und schneller als je zuvor. Spielerinnen und Spieler müssen in Sekundenbruchteilen Entscheidungen treffen, Räume erkennen und kreative Lösungen unter Druck finden. Neben Technik und Athletik sind kognitive Fähigkeiten wie Wahrnehmung, Antizipation, Aufmerksamkeit und Kreativität entscheidend für den Erfolg.

Genau hier setzt die Buchreihe Kognitives Athletiktraining an: Sie verbindet wissenschaftlich fundierte Erkenntnisse mit praxisnahen Trainingsformen, um diese Fähigkeiten gezielt zu schulen und die Leistungsfähigkeit im Fußball auf das nächste Level zu heben.

Diese Verbindung von kognitiven und athletischen Fähigkeiten prägt auch meine Karriere. Als Olympiasiegerin, Europameisterin, mehrfache deutsche Meisterin und 6x Champions-League-Siegerin habe ich mein Spielverständnis und meine außergewöhnliche Kreativität immer wieder unter Beweis gestellt:

Schon als Kind habe ich gelernt, Fußball nicht nur mit den Füßen, sondern vor allem mit dem Kopf zu spielen. Mein Vater war selbst Profifußballer, und von ihm habe ich früh verstanden, dass die besten Spielerinnen und Spieler nicht nur schnell laufen oder hart schießen können, sondern das Spiel vor allen anderen lesen. In meiner Karriere – von den ersten Spielen in Saarbrücken über die Meisterschaften mit dem 1. FFC Frankfurt und Olympique Lyon bis hin zu internationalen Titeln mit der Nationalmannschaft – war es immer mein Ziel, nicht nur im richtigen Moment die richtige Technik auszuführen, sondern das Spielgeschehen vorauszuahnen, kreative Lösungen zu finden und meine Mitspielerinnen bestmöglich in Szene zu setzen. Diese Fähigkeit kommt nicht von allein – sie ist trainierbar. Wer lernen will, das Spiel zu steuern, muss seinen Kopf genauso schulen wie seinen Körper.

Diese Buchreihe richtet sich an Trainerinnen und Trainer im Leistungs- und Breitensport, an interessierte Sportler und Sportlerinnen sowie an Fußball-interessierte. Durch die didaktisch-methodische Aufbereitung und den hohen Praxisanteil bietet sie wertvolle Impulse für das Training – von Kinder- und Jugendfußball bis hin zum Erwachsenenbereich. Die Expert*innen aus Wissenschaft und Praxis, die an dieser Reihe mitwirken, garantieren einen tiefgehenden und zugleich praxisnahen Zugang zum Thema.

Ich wünsche Ihnen viel Freude beim Lesen und erfolgreiche Trainingseinheiten mit den hier vorgestellten Konzepten und Trainingsinhalten!

Danksagung

In Liebe an Ute, Kim, Lina, Linda, Mino, Nela, Falu, Malena, Anett und Maik sowie vielen Dank für die Unterstützung an Dyke und André.

Inhaltsverzeichnis

Über die Autoren

Daniel Memmert ist Professor und geschäftsführender Leiter des Instituts für Trainingswissenschaft und Sportinformatik an der Deutschen Sporthochschule Köln (https://www.dshs-koeln.de/en/visitenkarte/person/univ-prof-dr-daniel-memmert/). Von 2009 bis 2016 war er Leiter des Instituts für Kognitions- und Sportspielforschung an der Deutschen Sporthochschule Köln. 2003 promovierte er (Auszeichnung: dvs-Nachwuchspreis, Bronze) und habilitierte 2008 an der Elite-Universität Heidelberg (Auszeichnung: DOSB-Wissenschaftspreis, Bronze). Im Jahr 2014 war er Gastprofessor an der Universität Wien. Die Schwerpunkte seiner wissenschaftlichen Arbeit liegen in den Bereichen Bewegungswissenschaft (Kognition und Motorik), Sportpsychologie (Aufmerksamkeit und Motivation) und Sportinformatik (Big Data, Mustererkennung und Simulation).

Laut einer öffentlich zugänglichen Datenbank von Elsevier mit den 100.000 besten Wissenschaftlern der Welt (https://data.mendeley.com/datasets/btchxktzyw/2) steht er in Deutschland auf Platz 1 im Bereich Sportwissenschaft und weltweit auf Platz 8 im Bereich Sportwissenschaft/Experimentelle Psychologie. Er hat einen H-Index von 65 (i10-Index 243) und hat mehr als 10 Millionen Euro an Drittmitteln (z.B. BMBF, BISp) eingeworben, darunter 9 DFG-Projekte im Bereich der Informatik und 5 DFG-Projekte im Bereich der Psychologie. Darüber hinaus hat er mehrere Forschungsaufenthalte (z.B. USA, Kanada) absolviert, verschiedene Auszeichnungen erhalten (z.B. DOSB-Wissenschaftspreis Bronze, Research Writing Award AAHPERD), ist Mitglied in internationalen Editorial Boards und hat mehr als 300 Artikel in internationalen Fachzeitschriften, 40 Bücher und 40 Buchkapitel veröffentlicht. Von 2009 bis 2013 war er Geschäftsführer der asp (Association for Sport Psychology), von 2012 bis 2016 Redakteur des Journal of Sport Science (Behavioral Science Section), von 2016 bis 2018 Mitherausgeber (Psychologie) der Zeitschrift Research Quarterly for Exercise and Sport, von 2017 bis 2021 des Journal of Sport Psychology, von 2021-2025 Associate Editor des International Journal of Sport and Exercise Psychology und von 2009 bis 2022 stellvertretender Sprecher der dvs-Kommission Sportspiele. Zurzeit ist er Chefredakteur des Journal of Applied Sport and Exercise Psychology und

Executive Editor des Journal of Sport Science. Er besitzt Trainerlizenzen in den
Sportarten Fußball, Tennis, Snowboard und Ski Alpin und ist Herausgeber und
Autor von Lehrbüchern zum modernen Fußballtraining. Sein Institut kooperiert
mit verschiedenen Fußball-Bundesligisten, der deutschen Fußball-Nationalmann-
schaft und DAX-Unternehmen und organisiert den ersten internationalen Master-
studiengang Spielanalyse.

Sebastian Schwab ist Oberstudienrat im Hochschuldienst am Institut für Trainingswissenschaft und Sportinformatik an der Deutschen Sporthochschule Köln. Nach
seinem Magisterabschluss am Institut für Sport und Sportwissenschaft an der Universität Heidelberg im Jahre 2009 ging es als Promotionsstudent an die DSHS Köln.
2013 beendete er seine Promotion und ist seitdem als Fußball-Dozent tätig. Er ist
seit 2009 Koordinator der Kölner Ballschule und seit 2023 Studiengangsleiter des
Zertifikatsstudiengangs „Sportdirektor*in im Nachwuchsleistungs- und Amateur-
fußball". Darüber hinaus ist der A-Lizenz-Inhaber seit 2016 Stützpunkt-Trainer in
Köln Müngersdorf sowie als Auswahltrainer im Fußballverband Mittelrhein tätig.
Seit 2021 ist er zudem noch Sprecher der Kommission Fußball der Deutschen Vereinigung für Sportwissenschaft (dvs). Durch diese unterschiedlichen Tätigkeiten ist
es ihm möglich, die Balance zwischen Theorie (Forschung in den Bereichen Kin-
der- und Jugendfußball, Leistungsindikatoren im Fußball, Verhältnis zwischen Trainern und Eltern, direkte Freistöße im Fußball) und Praxis (Fußball-Dozent, Trainer,
Referent, Ausbilder von Trainern, Studierenden, Lehrern und Erziehern) sinnvoll
miteinander zu verknüpfen.

Claudius Ludwig ist Gründer und Geschäftsführer der digitalen Trainingsplatt-
form CoTrainer, die es Vereinen aller Leistungsklassen ermöglicht, ihren gesamten Trainingsbetrieb zu digitalisieren, zu organisieren und effizient zu analysieren.
Mit CoTrainer können Trainer ihre Einheiten strukturiert planen, Trainingsinhalte
verwalten und Leistungsdaten erfassen, während Spieler die Möglichkeit haben,
individuell zu trainieren und gezielt an ihrer Entwicklung zu arbeiten. Die Platt-
form verbindet moderne Sportwissenschaft mit praxisnaher Anwendung und wird
sowohl im Amateur- als auch im Profifußball genutzt.

Er ist Absolvent der Deutschen Sporthochschule Köln und lizenzierter Fuß-
ball- sowie Fitnesstrainer. Beim Fußballverein Cologne 11 ist er Gründer, Vor-
sitzender und Trainer. Darüber hinaus war er viele Jahre als Jugendtrainer sowie
als Individualtrainer für Fußballer tätig und unterstützte Spieler gezielt in ihrer
technischen, taktischen und athletischen Weiterentwicklung.

Neben seinen unternehmerischen und sportlichen Tätigkeiten ist er Podcasthost
von Train United, den er gemeinsam mit den Nationalspielerinnen Svenja Huth
und Dzsenifer Marozsán moderiert. In diesem Format spricht er mit Fußballprofis
über ihre Trainingsmethoden, Motivation und die Zukunft des Fußballs. Dank seiner langjährigen Erfahrung an der Schnittstelle von Wissenschaft, Praxis und Di-
gitalisierung verfügt er über umfassende Expertise im Bereich digital gesteuertes
Fußballtraining und moderne Spielerentwicklung, die er gezielt zur Förderung des
Amateurfußballs einbringen möchte.

Teil I
Theorieteil

Einleitung

Erfolg im Sport ist für viele Menschen, wie Athleten, Trainer, Funktionäre oder Fans[1], ein Mysterium. Zu oft gewinnt nicht der vermeintlich bessere Athlet oder die bessere Mannschaft. Wenn man nach Ursachen sucht, dann scheint dabei auch das Momentum, Glück oder Zufälligkeit einen gewissen und durch sportwissenschaftliche Daten belegt größeren Einfluss zu spielen (Wunderlich et al., 2021). Der überwiegende Teil vom sportlichen Erfolg wird aber von Leistungs-Faktoren bestimmt, mit denen sich die Trainingswissenschaft seit längerer Zeit auseinandersetzt. Genauer gesagt beruhen Leistungen im Sport auf einem komplexen Gefüge konditioneller, kognitiver, technischer, taktischer und psychischer Faktoren sowie physiologisch, anatomischer Voraussetzungen und Persönlichkeitseigenschaften (Memmert, 2013; Schwab & Balle, 2024).

Diese Vielfältigkeit und Komplexität des Sports kommen auch durch verschiedene Wechselwirkungen dieser Faktoren zum Ausdruck. In der Trainingspraxis wird auf einer sehr allgemeinen Ebene in der Struktur Technik – Taktik – Kondition – Kognition – Konstitution als primäre Leistungsfaktoren gedacht, die neben allgemeinen und speziellen Leistungsvoraussetzungen auch Spielfähigkeit und Spielwirksamkeitskomponenten beinhalten (Hohmann, 2005). Darauf aufbauend wurden in den letzten Jahren zahlreiche, zum Teil sehr spezifische Leistungsstrukturmodelle diskutiert (z. B. Handball: Brack, 2000; Tischtennis: Hohmann, & Zhang, 2003), die verschiedene Einflussfaktoren auf die sportliche Leistung thematisieren (Vgl. Abb. 1.1).

Während konstitutionelle Faktoren (z. B. Körpergröße) nicht veränderbar sind, kann man die anderen vier Faktoren durch Training gezielt beeinflussen. Während für die Bereiche Kondition, Technik und Taktik ganze Lehrbuchsammlungen existieren, gewann der Stellenwert der Kognitiven Fähigkeiten in den letzten Jahren

---

[1] Wenn in diesem Buch von Spieler, Trainer, Athlet oder Lehrer gesprochen wird, dann sind damit natürlich immer beide Geschlechter gemeint.

D. Memmert et al., *Kognitives Athletiktraining im Fußball*, Kognitives Athletiktraining, https://doi.org/10.1007/978-3-662-71275-7_1

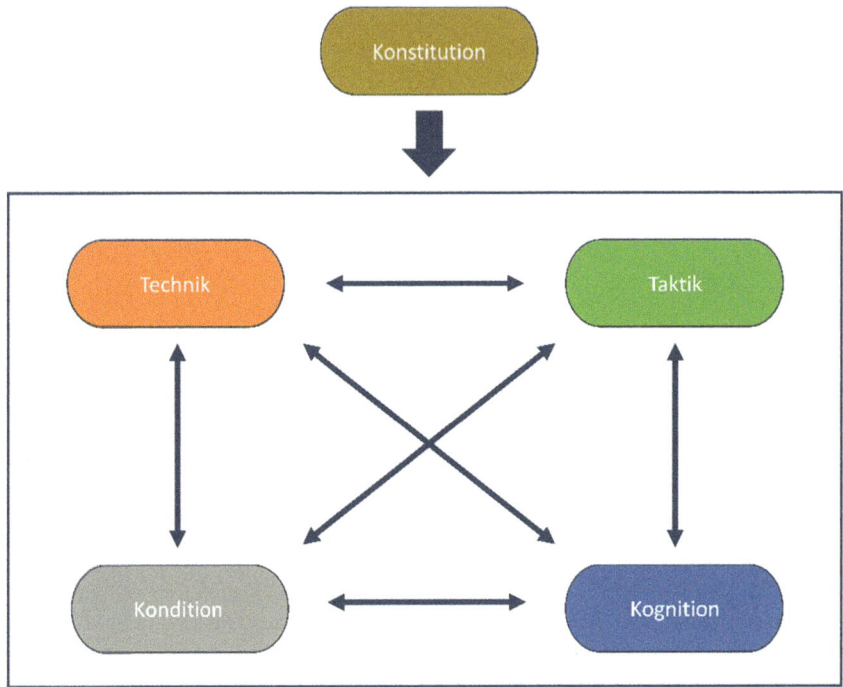

Abb. 1.1 Die fünf Leistungsfaktoren im Sport (in Anlehnung an Memmert, 2013)

erst an Bedeutung (u. a. Memmert, 2019; Vgl. Kap. 3). Ein deutlicher Mehrwert entsteht durch die inhaltliche Verknüpfung einzelner Modelle und Theorien aus den Bereichen Kondition-, Technik-, Kognition- und Taktiktraining. Dazu wurden zu Beginn des Jahrtausends der Begriff des Komplextrainings in die Sportwissenschaft eingeführt. Komplextraining ist nach Schnabel und Thieß (1993, S. 460) eine „methodische Form des Trainings, die auf die gleichzeitige Lösung mehrerer Hauptaufgaben der sportlichen Vorbereitung gerichtet ist". Komplextraining kann sowohl in der Vorbereitungs- als auch in der Wettkampfperiode effektiv, Zeit sparend und motivierend eingesetzt werden (Vgl. für einen Überblick: Memmert, 2005). Dennoch gibt es nicht zu allen Faktoren Überlegungen der inhaltlichen Verknüpfung und Trainierbarkeit.

Zu den Beziehungen Technik-/Konditionstraining (Auguste, 2006; Olivier, 1996), Technik-/Kognitionstraining (Scharfen & Memmert, 2019a,b), Technik-/Taktiktraining (Hossner, 2000; Memmert, 2004; Memmert, 2006a; Memmert & Breihofer, 2006; Roth & Kröger, 2011; Roth et al., 2002, 2006; Szymanski, 1997; Thumfart, 2006; Uhing, 2006), Taktik-/Kognitionstraining (Cardoso, et al., 2021; Kunrath, et al., 2020), sowie Taktik-/Konditionstraining (z. B. Wegner & Janssen, 1995) liegen eine Reihe von theoretischen Überlegungen, experimentellen Befunden sowie Praxisempfehlungen vor. Der Zusammenhang zwischen Konditions-/Kognitions-Training wird im Folgenden näher aufgegriffen.

Denn exakt an dieser Stelle möchte das vorliegende Buch ansetzen und wissenschaftlich fundierte Möglichkeiten eines kognitiven Athletiktrainings im Fußball aufzeigen. Im ersten Teil des Buches werden Grundlagen für ein konditionelles und kognitives Training und ihrer Kombination gelegt: Was sind die entscheidenden Faktoren, die man schulen kann? Welche Modelle stehen bereit? Welche Evidenzen gibt es dazu? Darüber hinaus werden diese Erkenntnisse auch mit der Coaching-Praxis verknüpft. Dazu wurden in den letzten 20 Jahren viele Studien (Memmert, 2019) durchgeführt. Im zweiten Teil des Buches werden Schulungsbeispiele für ein kognitives Athletiktraining gegeben. Trainer und Vereine müssen noch mehr dafür sensibilisiert werden, dass Kondition und Kognitionen zusammen simultan trainiert werden können und vielleicht sogar müssen.

Mit dieser Buchreihe wollen wir bewusst einen anderen Ansatz als das Konzept Neuroathletik setzen. „Neuro Athletic Training" ist eine eigene Wortneuschöpfung der Begründer und Profisporttrainer Lars Lienhard und Martin Weddemann. Es baut auf der Arbeit des Chiropraktikers Dr. Eric Cobb auf, der in den USA seit 20 Jahren Trainingsprogramme für das Profisporttraining auf neurophysiologischer Grundlage entwickelt und Trainer ausbildet. Im Kern geht es um

- Fitnesstraining fürs Gehirn
- Einfache Übungen, die das körperliche Wohlbefinden steigern
- Leistungssporttraining, das neurologische Prozesse in den Vordergrund stellt

In der Neurowissenschaft untersucht man Effekte des motorischen oder sensorischen Trainings bereits seit vielen Jahren und nutzt sie insbesondere für medizinische Zwecke (Kwakkel et al., 2023) und im Rehabilitationstraining (Hertel & Corbett, 2019). Das Neuroathletiktraining richtet sich an gesunde Sportler und konzentriert sich auf das Training des visuellen Systems einschließlich der Okulomotorik (Augenbewegungen), des vestibulären- und des propriozeptiven Systems und wird ab und an im Leistungssporttraining eingesetzt (Zwierko et al., 2023). Bisher gibt es keine nennenswerten empirischen Befunde zu einem Neuroathletik-Training, vor allem keine belastbaren experimentelle Interventionsstudien mit Placebogruppen.

Literatur

Auguste, C. (2006). *Techniktraining und konditionelle Belastung.* Sport & Buch Strauß.

Brack, R. (2000). *Wissenschafts- und objektorientierte Grundlagen der sportspielspezifischen Trainingslehre. Strukturierung, Generierung und Vermittlung von Hintergrundwissen zu Leistung, Training und Wettkampf im Sportspiel. Unveröffentlichte Habilitationsschrift.* Universität Stuttgart.

Cardoso, F. da S. L., García-Calvo, T., Patrick, T., Afonso, J., & Teoldo, I. (2021). How does cognitive effort influence the tactical behavior of soccer players? *Perceptual and Motor Skills, 128*(2), 851–864.

Hertel, J., & Corbett, R. O. (2019). An updated model of chronic ankle instability. *Journal of Athletic Training, 54*(6), 572–588.

Hohmann, A. (2005). Sportspiel-Leistung. In A. Hohmann, M. Kolb, & K. Roth (Hrsg.), *Handbuch Sportspiel* (S. 279–289). Hofmann.

Hohmann, A., & Zhang H. (2003). Performance diagnostics by mathematical simulation in table tennis. In J.-F. Kahn & A. Lees (Eds.), *Science and racket sports 3*. Universite de Paris.

Hossner, E. J. (2000). Principles to know on nodal points. The Coach. *The Official FIVB Magazine for Volleyball Coaches, 1*, 6–11.

Kunrath, C. A., Nakamura, F. Y., Roca, A., Tessitore, A., & Teoldo, I. (2020). How does mental fatigue affect soccer performance during small-sided games? A cognitive, tactical and physical approach. *Journal of Sport Science, 38*(15), 1818–1828.

Kwakkel, G., Stinear, C., Essers, B., Munoz-Novoa, M., Branscheidt, M., Cabanas-Valdés, R., Lakičević, S., Lampropoulou, S., Luft, A. R., Marque, P., Moore, S. A., Solomon, J. M., Swinnen, E., Turolla, A., Alt Murphy, M., & Verheyden, G. (2023). Motor rehabilitation after stroke: European Stroke Organisation (ESO) consensus-based definition and guiding framework. *European Stroke Journal, 8*(4), 880–894.

Memmert, D. (2004). *Kognitionen im Sportspiel*. Sport & Buch Strauß.

Memmert, D. (2005). Komplextraining. In A. Hohmann, M. Kolb, & K. Roth (Hrsg.), *Handbuch Sportspiel* (S. 359–364). Hofmann.

Memmert, D. (2006). *Optimales Taktiktraining im Leistungsfußball*. Spitta Verlag.

Memmert, D. (2013). Leistungsfaktoren im Sportspiel. In A. Güllich & M. Krüger (Hrsg.), *Sport - Das Lehrbuch für das Sportstudium* (S. 561–562). Springer.

Memmert, D. (2019). *Fußballspiele werden im Kopf entschieden: Kognitives Training, Kreativität und Spielintelligenz im Amateur- und Leistungsbereich*. Meyer & Meyer.

Memmert, D., & Breihofer, P. (2006). *Doppelstunde Fußball*. Hofmann.

Olivier, N. (1996). *Techniktraining unter konditioneller Belastung*. Hofmann

Roth, K., & Kröger, C. (2011). *Ballschule. Ein ABC für Spielanfänger* (4. Aufl.). Hofmann.

Roth, K., Kröger, Ch., & Memmert, D. (2002). *Ballschule Rückschlagspiele*. Hofmann.

Roth, K., Memmert, D., & Schubert, R. (2006). *Ballschule Wurfspiele*. Hofmann.

Scharfen, E., & Memmert, D. (2019a). Measurement of cognitive functions in experts and elite-athletes: A meta-analytic review. *Applied Cognitive Psychology., 3*, 843–860.

Scharfen, E., & Memmert, D. (2019b). The relationship between cognitive functions and sport-specific motor skills in elite youth soccer players. *Frontiers in Psychology - Movement Science & Sport Psychology, 10*, 817.

Schnabel, G., & Thieß, G. (Hrsg.). (1993). *Lexikon Sportwissenschaft – Leistung – Training – Wettkampf*. Sportverlag.

Schwab, S., & Balle, J. (2024). *Fußball – Das Praxisbuch für Training, Studium, Schule und Freizeitsport*. Spitta-Verlag.

Szymanski, B. (1997). *Techniktraining in den Sportspielen – bewegungszentriert oder situationsbezogen?* Czwalina

Thumfart, M. (2006). *Optimales Taktiktraining im Jugendfußball*. Spitta-Verlag.

Uhing, M. (2006). *Optimales Taktiktraining im Kinderfußball*. Spitta.

Wegner, M., & Janssen, J. P. (1995). Zur Operationalisierung der Konzentration im Hallenhandball: Ein anforderungsbezogener Forschungsansatz. *Psychologie und Sport, 2*, 57–68.

Wunderlich, F., Seck, A., & Memmert, D. (2021). The influence of randomness on goals in football decreases over time. An empirical analysis of randomness involved in goal scoring in the English Premier League. *Journal of Sports Sciences, 39*, 2322–2337.

Zwierko, M., Jedziniak, W., Popowczak, M., & Rokita, A. (2023). Effects of in-situ stroboscopic training on visual, visuomotor and reactive agility in youth volleyball players. *PeerJ, 11*, Article e15213.

Athletiktraining im Sport

2

In den 70er Jahren liefen Mannschaftssportler während eines Spiels signifikant weniger als in vergleichbaren Spielklassen im Moment (Weineck et al., 2012). Unbestritten sind konditionelle oder athletische Fähigkeiten eine wichtige Komponente im aktuellen Profisport. Die Sportwissenschaft, genauer die Trainings- und Bewegungswissenschaft, beschäftigt sich seit langem mit Theorien, Modellen und praktischen Trainingsempfehlungen zum Athletik- und Konditionstraining. Es besteht eine enge Korrelation zwischen den konditionellen und kognitiven Anforderungsprofilen, denen Fußballerinnen und Fußballer im Spiel gerecht werden müssen. Die gestiegenen konditionellen Anforderungen, wie etwa die erhöhte Laufdistanz eines Spielers während des Spiels, beeinflussen die Komplexität der Lösung von Spielsituationen. Durch diese erhöhte Komplexität verändert sich nicht nur das konditionelle Anforderungsprofil, sondern auch das kognitive. Daher ist eine Kombination aus Athletiktraining und kognitivem Training sinnvoll, um ein effektives und spielnahes Training in die Trainingsplanung zu integrieren. Dabei herrscht weitestgehend Einigkeit (Vgl. Weineck, 2019), dass sich die konditionellen und koordinativen Fähigkeiten in fünf Basisfaktoren untergliedern lassen (Vgl. Abb. 2.1). Selbstverständlich ist auch der Faktor Beweglichkeit von Bedeutung, wird aber an dieser Stelle und im Buch nicht aufgegriffen.

Schnelligkeit
Die Bedeutung von Schnelligkeit (im englischen "agility") im Sport wird in aktuellen Studien hervorgehoben (Thieschäfer & Büsch, 2022). Die Komponenten der komplexen Schnelligkeit sind beispielsweise Sprinten mit Richtungswechseln, Wahrnehmungs- und Entscheidungsschnelligkeit, Handlungsschnelligkeit und Antizipation (für einen Überblick: Thienes, 2023). Insbesondere wird sie durch neuere Trainingsmethoden und Technologien in der Sportwissenschaft vorangetrieben (Young et al., 2021).

Ausdauer
Ausdauer ist ein zentraler Bestandteil des Trainings für Sportler und wird aktuell ausführlich diskutiert (Kenney et al., 2021). Definiert wird sie über die Fähigkeit, körperliche Belastungen über einen längeren Zeitraum aufrechtzuerhalten bzw. die Ermüdung hinauszuzögern (Bachl, 2018). Zur Ausdifferenzierung der Ausdauer-fähigkeit wird auf Überblicksarbeiten verwiesen (z. B., Faude & Donath, 2023). Ausdauer muss auch als Schlüsselelement für die Verbesserung der allgemeinen Herz-Kreislauf-Gesundheit angesehen werden (Plowman & Smith, 2023).

Kraft
Kraft ist ein Eckpfeiler für die Leistungssteigerung und Verletzungsprävention, wie in aktuellen Forschungsarbeiten betont wird (Knudson et al., 2023). Gemein hin kann man sie untergliedern in Maximalkraft, Schnellkraft, Reaktivkraft und Kraftausdauer (für einen Überblick: Thienes, 2023). Krafttraining wird nicht nur für Athleten, sondern auch für die allgemeine Bevölkerung als wichtig erachtet (Fragala et al., 2019). Die Rolle der Kraftentwicklung in der Rehabilitation nach Verletzungen wird in aktuellen Studien zur Sportmedizin untersucht (Rudisill et al., 2023).

Koordination
Koordination wird als entscheidender Faktor für die Leistungsoptimierung in ver-schiedenen Sportarten betrachtet (Hrysomallis, 2020; Weineck et al., 2012; Wil-liams & Ford, 2021). Für einen differenzierten Überblick zum aktuellen Stand wird auf Standard-Lehrbücher verwiesen (u. a., Golle et al., 2023).

Wie die Abb. 2.1 verdeutlicht, gibt es mannigfaltige Zusammenhänge zwischen den einzelnen konditionellen und koordinativen Fähigkeiten. Beispielsweise wird

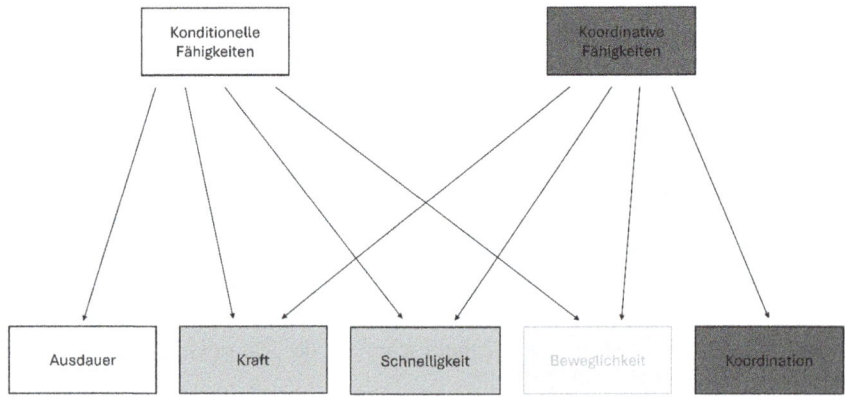

Abb. 2.1 Die fünf konditionellen und koordinativen Fähigkeiten Schnelligkeit, Ausdauer, Be-weglichkeit, Koordination und Kraft im Sport (Vgl. Weineck, 2019)

die Interaktion zwischen Schnelligkeit, Ausdauer und anderen Leistungsfaktoren aktuell intensiv untersucht (Knudson, 2023). Die Bedeutung von Koordination und Gleichgewicht für eine gute Verletzungsprävention wird ebenfalls in aktuellen Studien thematisiert (Al Attar et al., 2022). Neue Ansätze zur Integration von Schnelligkeit, Ausdauer, Koordination und Krafttraining werden in neueren Trainingsmodellen und -programmen vorgeschlagen und evaluiert (Holviala et al., 2012).

Literatur

Al Attar, W. S. A., Khaledi, E. H., Bakhsh, J. M., Faude, O., Ghulam, H., & Sanders, R. H. (2022). Injury prevention programs that include balance training exercises reduce ankle injury rates among soccer players: A systematic review. *Journal of Physiotherapy, 68*, 165–173.

Bachl, N. (2018). *Molekulare Sport- und Leistungsphysiologie. Molekulare, zellbiologische und genetische Aspekte der körperlichen Leistungsfähigkeit.* Springer.

Faude, O., & Donath, L. (2023). Ausdauer und Ausdauertraining im Sport: Anwendungsbereiche, Diagnostik, Trainingsformen, Organisation, Methoden, Anpassungen. In *Bewegung, Training, Leistung und Gesundheit: Handbuch Sport und Sportwissenschaft* (S. 849–864). Berlin : Springer

Fragala, M. S., Cadore, E. L., Dorgo, S., Izquierdo, M., Kraemer, W. J., & Peterson, M. D. (2019). Resistance training for older adults: Position statement from the national strength and conditioning association. *Journal of Strength & Conditioning Research, 33*(8), 2019–2052.

Golle, K., Mechling, H., & Granacher, U. (2023). Koordinative Fähigkeiten und Koordinationstraining im Sport. In A. Güllich & M. Krüger (Hrsg.), Bewegung, Training, Leistung und Gesundheit: Handbuch Sport und Sportwissenschaft (S. 909–932). Springer.

Hrysomallis, C. (2020). Balance ability and athletic performance. *Sports Medicine, 41*(3), 221–232.

Holviala, J., Kraemer, W. J., Sillanpää, E., Karppinen, H., Avela, J., Kauhanen, A., Häkkinen, A., & Häkkinen, K. (2012). Effects of strength, endurance and combined training on muscle strength, walking speed and dynamic balance in aging men. *European Journal of Applied Physiology, 112*(4), 1335–1347.

Kenney, W. L., Wilmore, J. H., & Costill, D. L. (2021). *Physiology of Sport and Exercise (8th ed.).* Human Kinetics.

Knudson D.V. (2023). *Introduction to exercise science.* Human Kinetics.

Knudson, D., Mahar, M., & Myers, N. D. (2023). *The national academy of kinesiology 2023 evaluation of doctoral programs in kinesiology. Kinesiology* Kinesiology Review, 13(1), 135–154.

Plowman, S. A., & Smith, D. L. (2023). *Exercise physiology for health, fitness, and performance (6th Ed.).* Wolters Kluwer.

Rudisill, S. S., Varady, N. H., Kucharik, M. P., Eberlin, C. T., & Martin, S. D. (2023). Evidence-based hamstring injury prevention and risk factor management. A systematic review and meta-analysis of randomized controlled trials. *The American Journal of Sports Medicine, 51*(7), 1927–1942.

Thienes, G. (2023). Schnelligkeit und Schnelligkeitstraining im Sport: Anwendungsbereiche, Diagnostik, Trainingsformen, Organisation, Methoden, Anpassungen. In *Bewegung, Training, Leistung und Gesundheit: Handbuch Sport und Sportwissenschaft* (S. 865–884). Berlin, Heidelberg: Springer Berlin Heidelberg.

Thieschäfer, L., & Büsch, D. (2022). Development and trainability of agility in youth: A systematic scoping review. *Frontiers in Sports and Active Living, 4,* Article 952779.

Weineck, J. (2019). *Optimales training.* Spitta.

Weineck, J., Memmert, D., & Uhing, M. (2012). Optimales Koordinationstraining im Fußball. Spitta Verlag.

Williams, A. M., & Ford, P. R. (2021). Expertise and expert performance in sport. *International Review of Sport and Exercise Psychology, 17*(1), 57–77.

Young, W., Rayner, R., & Talpey, S. (2021). It's time to change direction on agility research: A call to action. *Sports Medicine - Open, 7*(1), 12.

Kognitionstraining im Sport

3

Florian Wirtz gelingt es scheinbar mühelos, in äußerst komplexen Situationen gerade am Ende eines Fußballspiels, ungewöhnliche, aber auch technisch-taktische Bestlösungen auf das Spielfeld zu „zaubern". Neben athletischen Fähigkeiten spielen im Sport auch Kognitionen eine bedeutsame Rolle, wie sie im Moment mithilfe von zahlreichen Praxisbüchern trainiert werden (Vgl. Fußball: Memmert, 2019; Tennis: Memmert & Leiner, 2020; Handball und Basketball: Memmert & König, 2021, 2022). Thierry Henry, Ex-Nationalspieler Frankreichs und Weltmeister 1998 im eigenen Land, sagt: „Das Gehirn ist das wichtigste Instrument im Fußballspiel, wird aber oft vernachlässigt, weil es im Training oft nur um Körperlichkeit und Taktik geht".

Vereinfacht ausgedrückt, werden Kognitionen als höhere geistige Funktionen und Prozesse definiert, die bedeutsam sind, um in bestimmten Situationen gezielt adäquate Lösungen in unserer Umwelt zu generieren (Neisser, 2014). Zusammenfassend zeigt die Forschung in der Sportwissenschaft, dass Experten und Eliteathleten tendenziell über überlegene basale kognitive Fähigkeiten verfügen. Das wird durch verschiedene Meta-Analysen (Scharfen & Memmert, 2019; Voss et al., 2010) und Einzelstudien unterstützt, die kleine bis mittlere Effekte aufzeigen. Insbesondere im Bereich des Sportspiels, wie Fußball (Verburgh et al., 2016; Vestberg et al., 2012), scheinen Sportspielexperten herausragende kognitive Fähigkeiten zu besitzen.

In Anlehnung an die Modelle und Theorien aus der Psychologie wurde ein Prozessmodell des Ablaufs menschlicher Entscheidungshandlungen entwickelt (Memmert, 2013, 2017a,b, 2019; Memmert & Roth, 2003; Roth & Hossner, 1999), das die kognitiven Fähigkeiten Antizipation, Wahrnehmung, Aufmerksamkeit, Kreativität, Spielintelligenz und (Arbeits-)Gedächtnis beinhaltet (Vgl. Abb. 3.1). Die Darstellung der einzelnen psychologischen Prozesse folgt dabei einem weitestgehend akzeptierten zeitlichen Ablauf, wobei im realen Kontext

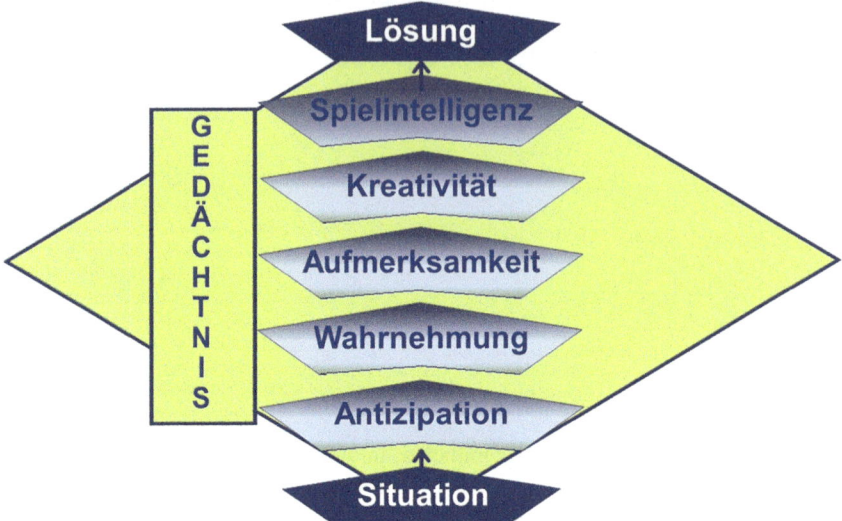

Abb. 3.1 Überblick über die zentralen kognitiven Leistungsfaktoren, die Handlungen im Sport zugrunde liegen (Memmert, 2013, 2019)

nicht notwendigerweise alle perzeptiv-kognitiven Phasen durchlaufen werden müssen.

Im Folgenden werden die kognitiven Fähigkeiten Antizipation, Wahrnehmung, Aufmerksamkeit, Spielintelligenz, Kreativität und Arbeitsgedächtnis näher be-schrieben. Für einen ausführlicheren Überblick wird auf aktuelle Praxisbücher verwiesen, die spezifisch genau diese Fähigkeiten in das Training integrieren (Vgl. Fußball: Memmert, 2019; Tennis: Memmert & Leiner, 2020; Handball und Basketball: Memmert & König, 2021, 2022).

Antizipation
Im Sport spielt die Antizipation eine herausragende Rolle (für einen Überblick: Williams & Jackson, 2019). Deshalb hat sich die sportwissenschaftliche For-schung seit vielen Jahren granular mit wichtigen latenten und offensichtlichen Hinweisreizen beschäftigt, die für die Antizipation von sportlichen Handlungen gewinnbringend eingesetzt werden können (Vgl. Loffing et al., 2014). Eine Viel-zahl von Studien zeigt, dass unterschiedliche Teile des Körpers als antizipations-relevante Regionen („information-rich areas", Magill, 1998) eingeordnet werden können und dann als Hinweise für nachfolgende Aktionen genutzt werden können (zusammenfassend, Cauraugh & Janelle, 2002). Die Verwendung von Hinweisen ermöglicht es somit, die Aufmerksamkeit der Athleten auf antizipationsrelevante Regionen zu lenken, die die wichtigsten Bewegungsmerkmale enthalten.

Wahrnehmung

Die Wahrnehmung spielt ebenfalls im Sport eine dominante Rolle (Mann et al., 2007). Ein Athlet muss in kürzester Zeit Spielsituationen (z. B. Anzahl der Mitspieler und Gegenspieler, freie Räume, Abstände, etc.) exakt erfassen, um „optimal" reagieren zu können. Bewusste Wahrnehmungsprozesse auf Basis korrekter Hinweise können mit Blickbewegungsanalysen untersucht werden, um Wahrnehmungsstrategien von Experten zu ermitteln (u. a. Hüttermann et al., 2018; Kredel et al., 2017). Beispielsweise werden aber auch bewusst eingesetzte aber „nicht-korrekte" Wahrnehmungsinformationen für Täuschungshandlungen verwendet (zusammenfassend, Bishop et al., 2013; Güldenpenning et al., 2017). Reize aus der Umwelt können aber nicht nur bewusst, sondern auch unbewusst verarbeitet werden und motorische Handlungen beeinflussen (Masters et al., 2007; Noël et al., 2015; Weigelt & Memmert, 2012).

Aufmerksamkeit

Aufmerksamkeit gilt als ein bedeutsamer Faktor im Hinblick auf sportliche Leistungen (Memmert, 2009), da es nahezu in allen Sportarten von grundlegender Bedeutung ist. Neurowissenschaftliche und kognitionspsychologische Befunde (z. B. Coull, 1998; Knudsen, 2007; Mirsky et al., 1991; Van Zomeren & Brouwer, 1994) schlagen eine Aufteilung der Aufmerksamkeit in vier Sub-Prozesse vor: die Aufmerksamkeitsorientierung, die selektive Aufmerksamkeit, die geteilte Aufmerksamkeit und die Konzentration (Vgl. Tab. 3.1).

Alle Sub-Prozesse können detailliert in Praxisbüchern (Vgl. Fußball: Memmert, 2019; Tennis: Memmert & Leiner, 2020; Handball und Basketball: Memmert & König, 2021, 2022) oder wissenschaftlichen Publikationen (Coull, 1998; Furley et al., 2010; Hüttermann et al., 2013; Memmert & Furley, 2007) nachgelesen werden. An dieser Stelle ist es ausreichend, zwei zentrale Prozesse kurz anzudeuten. Die *selektive Aufmerksamkeit* ist der in der Sportwissenschaft am häufigsten untersuchte Faktor. Dieser Sub-Prozess lässt eine gezielte räumliche oder objektgebundene Aufmerksamkeits-Fokussierung zu bestimmten Zeitpunkten oder innerhalb einzelner Zeitfenster zu. Während der Fokus gezielt auf bestimmte Ereignisse fällt, werden andere inhibiert, also ausgeklammert. Durch

---

Tab. 3.1 *Definitionen der vier Sub-Prozesse der Aufmerksamkeit (*Memmert, 2009*; Memmert & Furley, 2012)*

•*Aufmerksamkeitsorientierung:* „einloggen" und „ausloggen" der Aufmerksamkeit auf einen Stimulus

•*Selektive Aufmerksamkeit:* wählt zu einem bestimmten Zeitpunkt zwischen konkurrierenden Stimuli aus

•*Geteilte Aufmerksamkeit:* simultanes Aufteilen der Aufmerksamkeit auf unterschiedliche Stimuli („Multitasking")

•*Konzentration:* Aufrechterhalten der Aufmerksamkeit auf einen spezifischen Stimulus über eine gewisse Zeitspanne

den Sub-Prozess der *geteilten Aufmerksamkeit* können Athleten sich auf zwei oder mehrere Informationsquellen (Mittspieler, Gegenspieler, Ball) gleichzeitig konzentrieren.

Kreativität

Die Psychologie arbeitet mit zwei Definitionen für kognitive Denkprozesse, die eine Forschungsgruppe um Joy Paul Guilford (1967) aufgestellt hat: konvergentes und divergentes Denken (Roth, 2005). In konvergenten Denkprozessen werden sogenannte Ideallösungen für das Problem gesucht und angesteuert. Divergente Denkprozesse hingegen generieren eine Vielzahl von Lösungen für die Problemstellung, gerade auch Lösungen die neu, unerwartet oder überraschend sind (im Sport: Memmert & Roth, 2007).

Unter Kreativität oder divergentem Denken im Sport verstehen wir überraschende, originelle und flexible taktische und motorische Lösungen, zum Beispiel No-look-Pässe; Schnittstellenbälle oder bestimmte Dribblings und Laufwege. Erste empirische Evidenz zur Bedeutung von taktischer Kreativität im professionellen Fußball stammt aus einer Studie von Kempe und Memmert (2018).

Verschiedene methodische Möglichkeiten zur sportartspezifischen Schulung von taktischer Kreativität wurden vorgeschlagen, entwickelt und wissenschaftlich evaluiert (für einen Überblick: Memmert, 2012, 2015). Auf einer methodischen Ebene haben die sieben Prinzipien Deliberate-Play (Côté et al., 2007), 1-Dimension-Games (Memmert, 2004a,b, Memmert & Roth, 2003), Diversifikation (Memmert, 2006; Memmert & Roth, 2007), Deliberate-Coaching (Furley & Memmert, 2005; Memmert, 2005), Deliberate-Memory (Furley & Memmert, 2010), Deliberate-Practice (Memmert et al., 2010) und Deliberate-Motivation (Memmert et al., 2013) – die sieben D´s der Kreativitätsschulung im Sport – Einzug in die Praxis gefunden (Memmert, 2015). Ihre Anordnung ist nicht zufällig, sondern entspricht einer chronologischen Reihung. Während die vier ersten Prinzipien eher für das Kinder- und Jugendtraining geeignet erscheinen, können alle sieben Prinzipien auch im Erwachsentraining eingesetzt werden. Die D´s können zum Beispiel Berücksichtigung finden, wenn sportartspezifische taktische Inhalte geschult werden (z. B. Basisbausteine: Memmert & Breihofer, 2006; Memmert et al., 2014), aber auch sportartübergreifende Basistaktiken (allgemeine Ballschule: Roth & Kröger, 2011; Ballschule Rückschlagspiele: Roth et al., 2002; Ballschule Wurfspiele: Roth et al., 2006).

Spielintelligenz

In Mannschafts- und Rückschlagsportarten versteht man unter taktischer Spielintelligenz oder konvergentem taktischen Denken die Produktion von einer Bestlösung zu Problemen in spezifischen individual-, gruppen- oder mannschaftstaktischen Spielsituationen (Memmert, 2013). Häufig wird im Sport einfach von „Taktik" gesprochen, was die strategischen Entscheidungen und Handlungen eines Spielers oder Teams umfasst. Populär sind sogenannte Basistaktiken geworden, die mittlerweile ein fester Bestandteil zahlreicher Lehrpläne und Trainingskonzeptionen in verschiedenen Alters- und Leistungsklassen geworden sind (allgemeine Ballschule: Kröger & Roth, 1999; Roth & Kröger, 2011; Ballschule

Rückschlagspiele: Roth et al., 2002; Ballschule Wurfspiele: Roth et al., 2006; Fußball: Memmert et al., 2014).

Es ist jedoch an dieser Stelle nicht möglich einen umfassenden Überblick über die Taktikforschung im Sport zu geben. Es gibt zahlreiche Arbeiten in der Bewegungswissenschaft und Sportpsychologie, die sich mit diesem Thema befassen und verschiedene Aspekte der taktischen Intelligenz im Sport untersuchen (Höner, 2005; Memmert, 2004; Roth, 1989, 2005). Für einen aktuellen zusammenfassenden Überblick über Theorien und Modelle zur taktischen Spielintelligenz kann auf die Arbeit von König und Memmert (2019) verwiesen werden.

Arbeitsgedächtnis
Das Arbeitsgedächtnis spielt eine zentrale Rolle bei der Ausführung kognitiver Aufgaben, da es Informationen kurzfristig bereithält, manipuliert und koordiniert (Baddeley, 2007). Dies ist besonders wichtig für komplexe kognitive Leistungen, da nahezu alle Aufgaben eine zeitweilige Bereitstellung von Informationen erfordern (Engle, 2002). Im Bereich des Sports ist das Arbeitsgedächtnis von besonderem Interesse, insbesondere seine Kapazität und Funktionsweise (im Überblick, Furley & Memmert, 2010).

Die Funktionsweise des Arbeitsgedächtnisses, bei der Informationen kurzfristig bearbeitet und strukturiert werden, hat direkte Auswirkungen auf das Entscheidungstraining im Sportspiel (Furley & Memmert, 2013). Aktuelle Studien zeigen, dass die Inhalte des Arbeitsgedächtnisses die Aufmerksamkeit eines Menschen oder Athleten beeinflussen können, indem sie die Aufmerksamkeit auf relevante Objekte im visuellen Feld lenken (Conway et al., 2007). Darüber hinaus konnte gezeigt werden, dass die Kapazität des Arbeitsgedächtnisses Vorhersagen darüber ermöglicht, welche Athleten in der Lage sind, ihre Aufmerksamkeit gezielt zu kontrollieren, indem sie irrelevante Reize ausblenden und Interferenzen vermeiden (Furley et al., 2010; Furley & Memmert, 2012).

Insgesamt unterstreicht die Forschung die Bedeutung des Arbeitsgedächtnisses für komplexe kognitive Leistungen im Sport und legt nahe, dass das Training und die Entwicklung des Arbeitsgedächtnisses wichtige Komponenten für die Leistungsfähigkeit von Athleten sein können.

Zu allen Kognitionen gibt es mittlerweile eine Reihe von kognitiven Testverfahren, die in verschiedenen Projekten am Institut für Trainingswissenschaft und Sportinformatik entwickelt sowie eingesetzt wurden und werden (Vgl. Memmert, 2019). Dazu zählen der Attention Window Test (Hüttermann et al., 2013, 2014), der etablierte Arbeitsgedächtnistest von Conway et al., (2005; im Sport: Furley & Memmert, 2012, 2013), der Perceptual Load Test von Beck und Lavie (2005; im Sport: Furley et al., 2013), der Multiple Object Tracking Test (Alvarez & Franconeri, 2005; im Sport: Romeas et al., 2016). Zudem gibt es validierte Video-Tests (Furley & Memmert, 2015; Memmert, 2010a,b; Memmert et al., 2013) und feldnahe Spielteststituationen (Memmert, 2004, 2006, 2010a,b; Memmert & Roth, 2007) zur Erfassung von Spielintelligenz und Kreativität.

Abschließend muss darauf hingewiesen werden, dass die Identifikation, der Transfer und die Wirksamkeit von kognitiven Fähigkeiten ein hochaktuelles

Thema in der Sportpsychologie (Furley et al., 2023) und in der Mutterwissenschaft Psychologie ist (u. a. Simons et al., 2016; Hambrick et al., 2019), welches erst am Anfang steht. Damit ist die Anzahl der Studien noch begrenzt, die methodische Qualität variiert und nicht alle Studien weisen Zusammenhänge zwischen kognitiven Fähigkeiten und sportlicher Leistung auf (Vgl. Furley et al., 2017). Daraus ergibt sich die finale Konsequenz: „Further research is needed!".

Literatur

Alvarez, G. A., & Franconeri, S. L. (2005). How many objects can you track? Evidence for a flexible tracking resource. *Journal of Vision, 5,* 641–641.

Baddeley, A. D. (2007). *Working memory, thought, and action.* Oxford University Press.

Beck, D. M., & Lavie, N. (2005). Look here but ignore what you see: Effects of distractors at fixation. *Journal of Experimental Psychology: Human Perception and Performance, 31,* 592.

Bishop, D. T., Wright, M. J., Jackson, R. C., & Abernethy, B. (2013). Neural bases for anticipation skill in soccer: An FMRI study. *Journal of Sport & Exercise Psychology, 35,* 98–109.

Cauraugh, J. H., & Janelle, C. M. (2002). Visual search and cue utilisation in racket sports. In K. Davids, G. J. P. Savelsbergh, S. J. Bennett, & J. Van Der Kamp (Hrsg.), *Interceptive actions in sport* (S. 64–89). Routledge.

Conway, A. R. A., Jarrold, C., Kane, M. J., Miyake, A., & Towse, J. N. (2007). *Variation in Working Memory.* Oxford University Press.

Conway, A. R., Kane, M. J., Bunting, M. F., Hambrick, D. Z., Wilhelm, O., & Engle, R. W. (2005). Working memory span tasks: A methodological review and user's guide. *Psychonomic Bulletin & Review, 12,* 769–786.

Côté, J., Baker, J., & Abernethy, B. (2007). Practice and play in the development of sport expertise. In G. Tenenbaum & R. C. Eklund (Hrsg.), *Handbook of sport psychology* (S. 184–202). Wiley.

Coull, J. T. (1998). Neural correlates of attention and arousal: Insights from electrophysiology, functional neuroimaging and psychopharmacology. *Progress in Neurobiology, 55,* 343–361.

Engle, R. W. (2002). Working memory capacity as executive attention. Current directions. *Psychological Science, 11*(1), 19–23.

Furley, P., & Memmert, D. (2005). Provozieren vor instruieren! Zur Aufmerksamkeitsfokussierung im Sportspiel. *Sportpraxis, 6,* 22–24.

Furley, P., & Memmert, D. (2010). The role of working memory in sports. *International Review of Sport and Exercise Psychology, 3,* 171–194.

Furley, P., & Memmert, D. (2012). Working Memory Capacity as controlled attention in tactical decision making. *Journal of Sport and Exercise Psychology, 34,* 322–344.

Furley, P., & Memmert, D. (2013). "Whom should I pass to?" The more options the more attentional guidance from working. *PLoS ONE, 8,* Article e62278.

Furley, P., & Memmert, D. (2015). Creativity and working memory capacity in sports: Working memory capacity is not a limiting factor in creative decision making amongst skilled performers. *Frontiers in Psychology, 6,* 115.

Furley, P., Memmert, D., & Heller, C. (2010). The dark side of visual awareness in sport – inattentional blindness in a real-world basketball task. *Attention, Perception & Psychophysics, 72,* 1327–1337.

Furley, P., Memmert, D., & Schmid, S. (2013). Perceptual load in sport and the heuristic value of the perceptual load paradigm in examining expertise-related perceptual-cognitive adaptations. *Cognitive Processing, 14,* 31–42.

Furley, P., Schul, K., & Memmert, D. (2017). Das Experten-Novizen-Paradigma und die Vertrauenskrise in der Psychologie. *Zeitschrift für Sportpsychologie, 23,* 131–140.

Furley, P., Schütz, L. M., & Wood, G. (2023). A critical review of research on executive functions in sport and exercise. *International Review of Sport and Exercise Psychologyl, 18,* 1–29.

Guilford, J. P. (1967). *The nature of human intelligence.* McGraw-Hill.

Güldenpenning, I., Kunde, W., & Weigelt, M. (2017). How to trick your opponent: A review article on deceptive actions in interactive sports. *Frontier in Psychology, 8,* 917.

Hambrick, D. Z., Burgoyne, A. P., & Oswald, F. L. (2019). Domain-general models of expertise: The role of cognitive ability. In P. Ward, J. M. Schraagen, J. Gore, & E. Roth (Eds.), *Oxford handbook of expertise: Research and application.* Oxford UP.

Höner, O. (2005). *Entscheidungshandeln im Sportspiel Fußball: Eine Analyse im Lichte der Rubikontheorie.* Hofmann.

Hüttermann, S., Memmert, D., Simons, D. J., & Bock, O. (2013). Fixation strategy influences the ability to focus attention on two spatially separate objects. *PLoS ONE, 8,* Article e65673.

Hüttermann, S., Simons, D., & Memmert, D. (2014). The size and shape of the attentional "spotlight" varies with differences in sports expertise. *Journal of Experimental Psychology: Applied, 20,* 147–157.

Hüttermann, S., Noël, B., & Memmert, D. (2018). Eye tracking in high-performance sports: Evaluation of its application in expert athletes. *International Journal of Computer Science in Sport, 17,* 182–203

Kempe, M., & Memmert, D. (2018). "Good, better, creative": The influence of creativity on goal scoring in elite soccer. *Journal of Sports Sciences, 36,* 2419–2423.

Knudsen, E. (2007). Fundamental components of attention. *Annual Review of Neuroscience, 30,* 57–78.

König, S. & Memmert, D. (2019). Taktik und Taktiktraining im Sport – Anwendungsbereiche, Diagnostik, Trainingsformen, Organisation, Methoden, Anpassungen. In M. Fröhlich & A. Güllich (Eds.), *Sportmotorik, Bewegung und Training.* Springer.

Kredel, R., Vater, C., Klostermann, A., & Hossner, E. (2017). Eye-tracking technology and the dynamics of natural gaze behavior in sports: A systematic review of 40 years of research. *Frontiers in Psychology, 8,* 1–15.

Kröger, Ch., & Roth, K. (1999). *Ballschule. Ein ABC für Spielanfänger.* Hofmann

Loffing, F., Cañal-Bruland, R., & Hagemann, N. (2014). Antizipationstraining im Sport. In K. Zentgraf & J. Munzert (Hrsg.). Kognitives Training im Sport (S. 137–161). Hogrefe Verlag.

Magill, R. A. (1998). Knowledge is more than we can talk about: Implicit learning in motor skill acquisition. *Research Quarterly for Exercise and Sport, 69,* 104–110.

Mann, D. T., Williams, A. M., Ward, P., & Janelle, C. M. (2007). Perceptual-cognitive expertise in sport: A meta-analysis. *Journal of Sport & Exercise Psychology., 29,* 457–478.

Masters, R. S. W., van der Kamp, J., & Jackson, R. C. (2007). Imperceptibly off-center goalkeepers influence penalty-kick direction in soccer. *Psychological Science, 18,* 222–223.

Memmert, D., & Roth, K. (2003). Individualtaktische Leistungsdiagnostik im Sportspiel. *Spektrum der Sportwissenschaft, 15,* 44–70.

Memmert, D. (2004). Kognitionen im Sportspiel. Sport & Buch Strauß.

Memmert, D. (2005). Komplextraining. In A. Hohmann, M. Kolb, & K. Roth (Hrsg.), *Handbuch Sportspiel* (S. 359–364). Hofmann.

Memmert, D. (2006). Wann soll man spezialisieren? – Kreativität als Indikator auf der 1. und 2. Stufe des MSIL. In K. Weber, D. Augustin, P. Maier, & K. Roth (Hrsg.). Wissenschaftlicher Transfer für die Praxis: Ausbildung – Training – Wettkampf (S. 59–64). Sport & Buch Strauß.

Memmert, D., & Breihofer, P. (2006). *Doppelstunde Fußball.* Hofmann.

Memmert, D., & Furley, P. (2007). "I spy with my little eye!" – Breadth of attention, inattentional blindness, and tactical decision making in team sports. *Journal of Sport & Exercise Psychology, 29,* 365–347.

Memmert, D., & Roth, K. (2007). The effects of non-specific and specific concepts on tactical creativity in team ball sports. *Journal of Sports Sciences, 25,* 1423–1432.

Memmert, D. (2009). Pay attention! A review of attentional expertise in sport. *International Review of Sport & Exercise Psychology, 2,* 119–138.

Memmert, D., Baker, J., & Bertsch, C. (2010). Play and practice in the development of sport-specific creativity in team ball sports. *High Ability Studies, 21,* 3–18.

Memmert, D. (2010a). Creativity, expertise, and attention: Exploring their development and their relationships. *Journal of Sport Science, 29,* 93–104.

Memmert, D. (2010b). Testing of tactical performance in youth elite soccer. *Journal of Sports Science & Medicine, 9,* 199–205.

Memmert, D. (2012). Kreativität im Sportspiel. Sportwissenschaft, 42, 38–49.

Memmert, D., & Furley, P. (2012). Aufmerksamkeit. In M. Krüger & A. Güllich (Hrsg.), *Bachelor-Kurs Sport. Ein Lehrbuch für das Studium der Sportwissenschaft.* Springer-Verlag.

Memmert, D. (2013). Leistungsfaktoren im Sportspiel. In A. Güllich & M. Krüger (Hrsg.), *Sport - Das Lehrbuch für das Sportstudium* (S. 561–562). Springer.

Memmert, D., Hüttermann, S., & Orliczek, J. (2013). Decide like Lionel Messi! The impact of regulatory focus on divergent thinking in sports. *Journal of Applied Social Psychology, 43,* 2163–2167.

Memmert, D., Thumfart, M., & Uhing, M. (2014). *Optimales Taktiktraining im Kinder-, Jugend- und Leistungsfußball.* Spitta Verlag.

Memmert, D. (2015). *Teaching tactical creativity in team and racket sports: Research and practice.* Routledge.

Memmert, D. (2017a). Tactical creativity in sport. In J. Kaufman, V. Glăveanu, & J. Baer (Hrsg.), *The Cambridge handbook of creativity across domains* (S. 479–491). Cambridge University Press.

Memmert, D. (2017b). Sports and creativity. In M. A. Runco & S. R. Pritzker (Eds.) *Encyclopedia of creativity* (2nd ed., S. 373–378). Academic Press.

Memmert, D. (2019). *Fußballspiele werden im Kopf entschieden: Kognitives Training, Kreativität und Spielintelligenz im Amateur- und Leistungsbereich.* Meyer & Meyer.

Memmert, D., & Leiner, S. (2020). *Tennisspiele werden im Kopf entschieden: Kognitives Training, Kreativität und Spielintelligenz im Amateur- und Leistungsbereich.* Meyer & Meyer.

Memmert, D., & König, S. (2021). *Handballspiele werden im Kopf entschieden: Kognitives Training, Kreativität und Spielintelligenz im Amateur- und Leistungsbereich.* Meyer & Meyer.

Memmert, D., & König, S. (2022). Handballspiele werden im Kopf entschieden: Teil 1. *Sportpraxis-Die Fachzeitschrift für Schule und Verein, 63*(1), 16–20.

Mirsky, A. F., Anthony, B. J., Duncan, C. C., Ahearn, M. B., & Kellam, S. G. (1991). Analysis of the elements of attention: A neuropsychological approach. *Neuropsychological Review, 2,* 109–145.

Neisser, U. (2014). *Cognitive Psychology* (Classic edition). Psychology Press.

Noël, B., van der Kamp, J., Weigelt, M., & Memmert, D. (2015). Asymmetries in spatial perception are more prevalent under explicit than implicit attention. *Consciousness and Cognition, 34,* 10–15.

Romeas, T., Guldner, A., & Faubert, J. (2016). 3D-Multiple object tracking training task improves passing decision-making accuracy in soccer players. *Psychology of Sport and Exercise, 22,* 1–9.

Roth, K. (1989). *Taktik im Sportspiel: Zum Erklärungswert der Theorie generalisierter motorischer Programme für die Regulation komplexer Bewegungshandlungen.* Hofmann.

Roth, K. (2005). Taktiktraining. In A. Hohmann, M. Kolb, & K. Roth (Hrsg.), *Handbuch Sportspiel* (S. 342–349). Hofmann.

Roth, K., & Hossner, E. J. (1999). Die funktionalen Betrachtungsweisen. In K. Roth & K. Willimczik (Hrsg.), *Bewegungswissenschaft* (S. 127–225). Rowohlt.

Roth, K., & Kröger, C. (2011). *Ballschule. Ein ABC für Spielanfänger* (4. Aufl.). Hofmann.

Roth, K., Kröger, Ch., & Memmert, D. (2002). *Ballschule Rückschlagspiele.* Hofmann.

Roth, K., Memmert, D., & Schubert, R. (2006). *Ballschule Wurfspiele.* Hofmann.

Simons, D. J., Boot, W. R., Charness, N., Gathercole, S. E., Chabris, C. F., Hambrick, D. Z., & Stine-Morrow, E. A. (2016). Do "brain-training" programs work? *Psychological Science in the Public Interest, 17,* 103–186.

Scharfen, E., & Memmert, D. (2019). Measurement of cognitive functions in experts and elite-athletes: A meta-analytic review. *Applied Cognitive Psychology., 3,* 843–860.

Van Zomeren, A. H., & Brouwer, W. H. (1994). *Clinical neuropsychology of attention.* Oxford University Press.

Verburgh, L., Scherder, E. J., Van Lange, P. A., & Oosterlaan, J. (2016). Do elite and amateur soccer players outperform non-athletes on neurocognitive functioning? A study among 8–12 years old children. *PloS One, 11,* e0165741.

Vestberg, T., Gustafson, R., Maurex, L., Ingvar, M., & Petrovic, P. (2012). Executive functions predict the success of top-soccer players. *PLoS ONE, 7,* Article e34731.

Voss, M. W., Kramer, A. F., Basak, C., Prakash, R. S., & Roberts, B. (2010). Are expert athletes 'expert' in the cognitive laboratory? A metaanalytic review of cognition and sport expertise. *Applied Cognitive Psychology, 24,* 812–826.

Weigelt, & Memmert, D. (2012). Goal-side selection in soccer penalty kicking when viewing natural scenes. Frontiers in Cognition, 3, 312 . https://doi.org/10.3389/fpsyg.2012.00312

Williams, A. M., & Jackson, R. C. (Eds.). (2019). *Anticipation and decision making in sport.* Routledge.

Kognitives Athletiktraining im Sport

4

Welche Möglichkeiten stehen für die Kombination eines athletischen und kognitiven Trainings bereit? Interessanterweise werden zunehmend auch psychologische und kognitive Prozesse beim Athletiktraining in der Sportwissenschaft diskutiert. Beispielsweise erfolgt die Energiebereitstellung während Ausdauerleistungen nicht unbedingt konstant über die gesamte Dauer oder Distanz, sondern wird vielmehr selbstregulierend auf die antizipierte Strecke verteilt, um eine vorzeitige Erschöpfung und damit eine vorzeitige Reduzierung oder einen Abbruch der Leistung zu vermeiden (Bordas et al., 2023). Für diesen Prozess hat sich der Begriff „Pacing" herauskristallisiert (Swain et al., 2020). Er bezeichnet einen kontinuierlichen internen Abgleich zwischen der erwarteten Belastung, früheren Erfahrungen und sensorischem Feedback während der Belastung (Swain et al., 2020). Es werden verschiedene Modelle zur Erklärung von Pacing-Strategien vorgeschlagen und in der Wissenschaft diskutiert (Casado et al., 2021).

An dieser Stelle wird in einem ersten Schritt ein modulares Trainingskonzept vorgeschlagen, welches athletische und konditionelle Komponenten mit Kognitionen verbindet. Auf der Basis der in Kap. 2 und 3 beschriebenen Grundlagen zu beiden Bereichen werden weiterführende Studien zusammengetragen und diskutiert, die einzelne Felder der 6×4-Matrix versuchen zu füllen (Tab. 4.1).

Folgende Ergebnisse springen ins Auge: Erstens wurden für die 24 Zellen insgesamt 180 Studien gefunden; das sind im Mittel 7.5 Publikationen pro Zelle. Das bedeutet, dass der gesamte Themenbereich noch am Anfang steht und in Zukunft es weitere Studien bedarf, um robustere Aussagen treffen zu können. Insbesondere sind in den nächsten Jahren weniger korrelative Querschnittsstudien, sondern vielmehr experimentelle Längsschnittstudien gefragt, um von korrelativen Resultatsmustern zu kausalen Wirkungsmechanismen zu gelangen. Zweitens können nicht alle Felder gefüllt werden. Insbesondere im Bereich Intelligenz und Kreativität sind kaum Studien vorhanden, die die Zusammenhänge mit den athletischen Faktoren thematisieren. Drittens, muss konstatiert werden, dass der Großteil der

D. Memmert et al., *Kognitives Athletiktraining im Fußball,* Kognitives Athletiktraining, https://doi.org/10.1007/978-3-662-71275-7_4

Tab. 4.1 Ein modulares 6×4-Konzept für ein kognitives Athletiktraining im Sport, ausgewählte Untersuchungen ohne Anspruch auf Vollständigkeit

Athletik/ Kognitionen	Schnelligkeit (46)	Ausdauer (61)	Koordination (57)	Kraft (16)
Antizipation (40)	Wilke und Vogel (2020), Trecroci et al. (2021), Büchel et al. (2022), Smith et al. (2014), Lucia et al. (2021), Bekris et al. (2023), Staiano et al. (2022), Garcia et al. (2023), Suárez et al. (2020), Scharfen und Memmert (2021a) (10)	Brown et al. (2020), McMorris (2020), Hyland-Monks (2018), Smith et al. (2014), Smith et al. (2015), Pageaux et al. (2014), Staiano et al. (2023), Dallaway et al. (2020), Miyamoto et al. (2022), Scudder et al. (2016), Ceylan und Saygin (2018), Boat et al. (2020), Chaire et al. (2020), Chacko et al. (2019), Formenti et al. (2020) (15)	Wilke und Vogel (2020), Brown et al. (2020), Smith et al. (2015), Lucia et al. (2021), Bekris et al. (2023), Garcia et al. (2023), Formenti et al. (2019), Scharfen und Memmert (2021a), Romeas et al. (2019), Ren et al. (2022), Formenti et al. (2020) (11)	Trecroci et al. (2021), Brown et al. (2020), McMorris (2020), Staiano et al. (2023) (4)

(Fortsetzung)

Tab. 4.1 (Fortsetzung)

Athletik/ Kognitionen	Schnelligkeit (46)	Ausdauer (61)	Koordination (57)	Kraft (16)
Wahrnehmung (53)	Wilke und Vogel (2020), Trecroci et al. (2021), Büchel et al. (2022), Smith et al. (2014), Moreira et al. (2021), Lucia et al. (2021), Bekris et al. (2023), Staiano et al. (2022) Garcia et al. (2023), Suárez et al. (2020), Scharfen und Memmert (2021a), Porter et al. (2015), Manci et al. (2023) (13)	Scharfen und Memmert (2021b), Brown et al. (2020), McMorris (2020), Pageaux und Lepers (2018), Hyland-Monks (2018), Smith et al. (2014), Smith et al. (2015), Pageaux et al. (2014), Staiano et al. (2023), Dallaway et al. (2020), Staiano et al. (2022), Miyamoto et al. (2022), Alves et al. (2013), Scudder et al. (2016), Chaire et al. (2020), Chacko et al. (2019), Formenti et al. (2020), Altermann und Gröpel (2023) (18)	Policastro et al. (2018), Wilke und Vogel (2020), Brown et al. (2020), Pageaux und Lepers (2018), Smith et al. (2015), Moreira et al. (2021), Lucia et al. (2021), Bekris et al. (2023), Garcia et al. (2023), Formenti et al. (2019), Afshar et al. (2019), Scharfen und Memmert (2021a), Romeas et al. (2019), Ren et al. (2022), Formenti et al. (2020), Rogge et al. (2017), Latino et al. (2021) (17)	Trecroci et al. (2021), Brown et al. (2020), McMorris (2020), Staiano et al. (2023), Grgic und Mikulic (2021) (5)

(Fortsetzung)

Tab. 4.1 (Fortsetzung)

Athletik/ Kognitionen	Schnelligkeit (46)	Ausdauer (61)	Koordination (57)	Kraft (16)
Aufmerksamkeit (58)	Wilke und Vogel (2020), Trecroci et al. (2021), Büchel et al. (2022), Smith et al. (2014), Moreira et al. (2021), Lucia et al. (2021), Bekris et al. (2023), Staiano et al. (2022), Garcia et al. (2023), Suárez et al. (2020), Scharfen und Memmert (2021a), Porter et al. (2015), Herold et al. (2022), Manci et al. (2023), Huertas et al. (2011) (15)	Scharfen und Memmert (2021b), Brown et al. (2020), McMorris (2020), Pageaux und Lepers (2018), Hyland-Monks (2018), Smith et al. (2014), Smith et al. (2015), Pageaux et al. (2014), Staiano et al. (2023), Dallaway et al. (2020), Staiano et al. (2022), Miyamoto et al. (2022), Alves et al. (2013), Scudder et al. (2016), Chaire et al. (2020), Chacko et al. (2019), Formenti et al. (2020), Altermann und Gröpel (2023) (18)	Policastro et al. (2018), Scharfen und Memmert (2019), Wilke und Vogel (2020), Brown et al. (2020), Pageaux und Lepers (2018), Smith et al. (2015), Moreira et al. (2021), Lucia et al. (2021), Bekris et al. (2023), Garcia et al. (2023), Formenti et al. (2019), Afshar et al. (2019), Scharfen und Memmert (2021a), Romeas et al. (2019), Ren et al. (2022), Formenti et al. (2020), Rogge et al. (2017), Latino et al. (2021), Altermnn und Gröpel (2022) (19)	Trecroci et al. (2021), Brown et al. (2020), McMorris (2020), Staiano et al. (2023), Grgic und Mikulic (2021), Altermann und Gröpel (2023) (6)
Kreativität (4)	Colzato et al. (2013) (1)	Aga et al. (2021), Colzato et al. (2013) (2)	Colzato et al. (2013) (1)	(0)
Intelligenz (6)	Colzato et al. (2013) (1)	Pageaux und Lepers (2018), Aga et al. (2021), Colzato et al. (2013) (3)	Pageaux und Lepers (2018), Colzato et al. (2013) (2)	(0)

(Fortsetzung)

Tab. 4.1 (Fortsetzung)

Athletik/ Kognitionen	Schnelligkeit (46)	Ausdauer (61)	Koordination (57)	Kraft (16)
Arbeits- gedächtnis (19)	Scharfen und Memmert (2021b), Wilke und Vogel (2020), Moreira et al. (2021), Herold et al. (2022), Manci et al. (2023), Huertas et al. (2011) (6)	Scharfen und Memmert (2021b), Pageaux und Lepers (2018), Hyland-Monks (2018), Scudder et al. (2016), Chaire et al. (2020) (5)	Policastro et al. (2018), Scharfen und Memmert (2019), Wilke und Vogel (2020), Pageaux und Lepers (2018), Moreira et al. (2021), Rogge et al. (2017), Latino et al. (2021) (7)	Scharfen und Memmert (2021b) (1)

Studien den Effekt von körperlicher Aktivität bzw. Training (z. B. Laufleistung) auf kognitive Fähigkeiten (z. B., Aufmerksamkeit) zeigen (z. B. Propriozeptions-Training auf die Verbesserung der Wahrnehmung). Viertens gibt es nur wenige Studien, die zeigen, dass kognitive Leistungen mit Kraft zusammenhängen. Fünftens ist noch ungeklärt, welche Mechanismen oder Modelle sich insgesamt für die Zusammenhänge in den einzelnen Zellen verantwortlich zeigen könnten (Vgl. Staiano, 2018). Es fehlt an Evidenz, dass bessere kognitive Leistungen auch zu besseren athletischen Kompetenzen führen können. Eine Ausnahme bildet die etwas robustere Befundlage, die „mental Fatigue" und dessen Einfluss auf physische Parameter untersucht (z. B., Brown et al., 2020; McMorris, 2020; Pageaux & Lepers, 2018; Hyland-Monks et al., 2018). An dieser Stelle können nicht alle 180 Studien im Detail diskutiert werden, für eine zusammenfassende Kurz-Darstellung wird auf eine Abschlussarbeit von Bayer (2024) verwiesen.

Nachfolgend wird eine Studie exemplarisch für technisch-koordinative Aufgaben im Sport angesprochen. Eine Querschnittsstudie von Scharfen und Memmert (2019) mit hochtalentierten Nachwuchsleistungs-Fußballern hat beispielsweise gezeigt, dass ein großes Aufmerksamkeitsfenster für komplexe motorische Fähigkeiten wie Dribbeln von Vorteil sein kann. Ebenso deutet eine geringere Ablenkbarkeit auf eine höhere Geschwindigkeit beim Sprint hin (siehe auch McMorris, 2020), und ein besseres Arbeitsgedächtnis könnte sich positiv auf Ballkontrolle und Dribbling auswirken.

Abschließend muss konstatiert werden, dass deutlich mehr Studien und wissenschaftliche Ergebnisse von Nöten sind, um ein modulares kognitives Athletiktraining im Sport empirisch zu stützen. Dennoch geben die ersten Studien Hoffnung, dass der Weg „richtig" sein kann. An dieser Stelle wird die Meinung vertreten, dass die Praxis nicht so lange warten kann, bis die Theorie und Empirie alles bis ins letzte Detail geklärt hat. Insbesondere deshalb, weil Trainer bereits seit einigen Jahren ihre konditionellen Übungen und Spielformen immer öfter auch mit kognitiven Zusatzaufgaben verbinden.

Sowohl in der Trainingswissenschaft als auch in der Sportspielforschung haben sich sogenannte „Kleinfeldspiel" (engl. „Small-Sided Games [SSG]) als geeignete Trainingsmethode für die Schulung verschiedener athletischer und kognitiver Faktoren etabliert (im Überblick: Hill-Haas et al., 2011). Kleinfeldspiele werden als Adaptionen realer Spiele definiert, die die Spielkomplexität in kleine Teile reduzieren, z. B., das auf reduzierten Spielfeldflächen, mit geänderten Regeln, oder mit einer kleineren Anzahl von Spielern gespielt wird (z. B. Hill-Haas et al., 2011; Lex et al. 2021; Schwab & Balle, 2024; Schwab & Bergmann, 2023). Der Literatur zufolge werden diese modifizierten Spiele im Allgemeinen von Trainern zur Entwicklung konditioneller, taktischer, kognitiver und technisch-koordinativer Fähigkeiten verwendet (Gabbett, 2006; Memmert, 2019) und werden hauptsächlich im Fußball oder Basketball eingesetzt.

In diesem Buch werden zahlreiche Trainingsformen beschrieben, die zu den 24 Kombinationen bis zu drei fußballspezifische Spiel- und Übungsformen anbieten. Bei der Entwicklung von Trainingsmethoden und Übungen wurden verschiedene Ansätze verfolgt. Einerseits wurden bestehende Spiele und Übungen aus der Literatur gesammelt und bei Bedarf leicht überarbeitet oder modifiziert, um sie den spezifischen Anforderungen und Zielen anzupassen. Dies ermöglicht eine effiziente Nutzung bereits etablierter Methoden und Konzepte, die in der Vergangenheit erfolgreich waren.

Andererseits wurden auch neue Spiele und Übungen entwickelt. Diese neuen Ansätze wurden nicht nur konzipiert, sondern auch zum großen Teil in der Praxis erprobt, um ihre Wirksamkeit und Anwendbarkeit zu gewährleisten. Durch diese Kombination aus bewährten Methoden und innovativen Ansätzen kann ein breites Spektrum an Trainingsmöglichkeiten geschaffen werden.

Für die Umsetzung dieser Übungen ist grundlegendes Equipment erforderlich, das in den meisten Fällen relativ einfach zugänglich ist. Dazu gehören Spielfeldmarkierungen für die Abgrenzung von Spielfeldern, mehrere Bälle sowie Parteibänder oder Leibchen, um Teams zu kennzeichnen. Zusätzlich können Hilfsmittel wie Stoppuhren, Kartensets oder Trillerpfeifen verwendet werden, um Zeiten einzuhalten, Signale zu geben und die Gruppe zusammenzurufen. Diese Ausrüstung trägt dazu bei, die Übungen effektiv durchzuführen und den Trainingsprozess zu optimieren.

Literatur

Aga, K., Inamura, M., Chen, C., Hagiwara, K., Yamashita, R., Hirotsu, M., Seki, T., Takao, A., Fujii, Y., Matsubara, T., & Nakagawa, S. (2021). The effect of acute aerobic exercise on divergent and convergent thinking and its influence by mood. *Brain Sciences, 11*(5), 546.

Alves, H., Voss, M. W., Boot, W. R., Deslandes, A., Cossich, V., Salles, J. I., & Kramer, A. F. (2013). Perceptual-cognitive expertise in elite volleyball players. *Frontiers in Psychology, 4*,. https://doi.org/10.3389/fpsyg.2013.00036.

Altermann, W., & Gröpel, P. (2023). Effects of acute endurance, strength, and coordination exercise interventions on attention in adolescents: A randomized controlled study. *Psychology of Sport and Exercise, 64,* 102300.

Afshar, A., Baqerli, J., & Taheri, M. (2019). The effect of visual training on the rate of performance accuracy in girl soccer players. *International Archives of Health Sciences, 6*(2), 108–113.

Bayer, A. (2024). *Kognitives Training in den Spielsportarten: Wechselwirkungen und Effekte von kognitivem Training auf die athletischen Aspekte. BA-Arbeit.* Deutsche Sporthochschule Köln.

Bekris, E., Gioldasis, A., Souglis, A., Zacharakis, E., & Smirniotou, A. (2023). Enhancing Soccer-SpeciFC motor skills through visual training: A quasi-experimental study in young soccer players. *Baltic Journal of Sport and Health Sciences, 2*(129), 28–38. https://doi.org/10.33607/bjshs.v2i129.1381.

Boat, R., Morris, M., & Duncan, M. J. (2020). Effects of exercise intensity on anticipation timing performance during a cycling task at moderate and vigorous intensities in children aged 7–11 years. *European Journal of Sport Science, 20*(4), 525–533.

Bordas, A., & Fruchart, E. (2023). Pacing strategy in trail running: A cognitive subtractive model of the affective balance between effort and pleasure? *Psychology of Sport and Exercise, 67*, 102409.

Brown, D. M., Graham, J. D., Innes, K. I., Harris, S., Flemington, A., & Bray, S. R. (2020). Effects of prior cognitive exertion on physical performance: A systematic review and meta-analysis. *Sports Medicine, 50*, 497–529.

Büchel, D., Gokeler, A., Heuvelmans, P., & Baumeister, J. (2022). Increased cognitive demands affect agility performance in female athletes–implications for testing and training of agility in team ball sports. *Perceptual and Motor Skills, 129*(4), 1074–1088. https://doi.org/10.1177/00315125221108698.

Casado, A., Hanley, B., Jiménez-Reyes, P., & Renfree, A. (2021). Pacing profiles and tactical behaviors of elite runners. *Journal of Sport and Health Science, 10*(5), 537–549.

Ceylan, H. I., & Saygin, O. (2018). Acute effect of various exercise intensities on cognitive performance. *European Journal of Physical Education and Sport Science , 4*, 157–172.

Chacko, S. C., Quinzi, F., De Fano, A., Bianco, V., Mussini, E., Berchicci, M., Perri, R. L., & Di Russo, F. (2019). A single bout of vigorous-intensity aerobic exercise affects reactive, but not proactive cognitive brain functions. *International Journal of Psychophysiology, 147*, 233–243. https://doi.org/10.1016/j.ijpsycho.2019.12.003.

Chaire, A., Becke, A., & Düzel, E. (2020). Effects of physical exercise on working memory and attention-related neural oscillations. *Frontiers in Neuroscience, 14*, Article 500793.

Colzato, L. S., Szapora Ozturk, A., Pannekoek, J. N., & Hommel, B. (2013). The impact of physical exercise on convergent and divergent thinking. *Frontiers in Human Neuroscience, 7*, 824.

Dallaway, N., Lucas, S. J., & Ring, C. (2020). Concurrent brain endurance training improves endurance exercise performance. *Journal of Science and Medicine in Sport, 24*(4), 405–411. https://doi.org/10.1016/j.jsams.2020.10.008.

Díaz-García, J., García-Calvo, T., Manzano-Rodríguez, D., López-Gajardo, M. Á., Parraca, J. A. & Ring, C. (2023). Brain endurance training improves shot speed and accuracy in grassroots padel players. *Journal of Science and Medicine in Sport, 26(7)*, 386–393. https://doi.org/10.1016/j.jsams.2023.06.002

Formenti, D., Cavaggioni, L., Duca, M., Trecroci, A., Rapelli, M., Alberti, G., Komar, J., & Iodice, P. (2020). Acute effect of exercise on cognitive performance in middle-aged adults: Aerobic versus balance. *Journal of Physical Activity and Health, 17*(8), 773–780.

Formenti, D., Duca, M., Trecroci, A., Ansaldi, L., Bonfanti, L., Alberti, G., & Iodice, P. (2019). Perceptual vision training in non-sport-specific context: Effect on performance skills and cognition in young females. *Scientific Reports, 9*(1), 18671. https://doi.org/10.1038/s41598-019-55252-1.

Gabbett, T. J. (2006). Skill-based conditioning games as an alternative to traditional conditioning for rugby league players. The Journal of Strength & Conditioning Research, 20(2), 306–315.

Grgic, J., & Mikulic, P. (2021). Effects of attentional focus on muscular endurance: A meta-analysis. *International Journal of Environmental Research and Public Health, 19*(1), 89.

Herold, F., Behrendt, T., Meißner, C., Müller, N. G., & Schega, L. (2022). The influence of acute sprint interval training on cognitive performance of healthy younger adults. *International Journal of Environmental Research and Public Health, 19*(1), 613.

Hill-Haas, S. V., Dawson, B., Impellizzeri, F. M., & Coutts, A. J. (2011). Physiology of small-sided games training in football: a systematic review. Sports Medicine, 41, 199–220.

Huertas, F., Zahonero, J., Sanabria, D., & Lupiáñez, J. (2011). Functioning of the attentional networks at rest vs. during acute bouts of aerobic exercise. *Journal of Sport and Exercise Psychology, 33*(5), 649–665.

Hyland-Monks, R., Cronin, L., McNaughton, L., & Marchant, D. (2018). The role of executive function in the self-regulation of endurance performance: A critical review. *Progress in Brain Research, 240*, 353–370.

Latino, F., Cataldi, S., & Fischetti, F. (2021). Effects of a coordinative ability training program on adolescents' cognitive functioning. *Frontiers in Psychology, 12*, Article 620440.

Lex, H., Simon, M., & Schwab, S. (2021). Insights into the application of soccer-specific actions in established and new game forms of youth soccer. *German Journal of Exercise and Sport Research, 52*, 168–172. https://doi.org/10.1007/s12662-021-00748-0.

Lucia, S., Bianco, V., Boccacci, L., & Di Russo, F. (2021). Effects of a cognitive-motor training on anticipatory brain functions and sport performance in semi-elite basketball players. *Brain Sciences, 12*(1), 68. https://doi.org/10.3390/brainsci12010068.

Mancı, E., Herold, F., Günay, E., Güdücü, Ç., Müller, N. G., & Bediz, C. Ş. (2023). The influence of acute sprint interval training on the cognitive performance of male basketball players: An investigation of expertise-related differences. *International Journal of Environmental Research and Public Health, 20*(6), 4719.

McMorris, T. (2020). Cognitive fatigue effects on physical performance: The role of interoception. *Sports Medicine, 50*(10), 1703–1708.

Memmert, D. (2019). *Fußballspiele werden im Kopf entschieden: Kognitives Training, Kreativität und Spielintelligenz im Amateur- und Leistungsbereich.* Meyer & Meyer.

Miyamoto, T., Sotobayashi, D., Ito, G., Kawai, E., Nakahara, H., Ueda, S., Toyama, T., Saku, K., Nakanishi, Y., & Kinoshita, H. (2022). Physiological role of anticipatory cardiorespiratory responses to exercise. *Physiological Reports, 10*(5), e15210.

Moreira, P. E. D., De Oliveira Dieguez, G. T., Da Glória Teles Bredt, S. & Praça, G. M. (2021). The acute and chronic effects of dual-task on the motor and cognitive performances in athletes: A systematic review. *International Journal of Environmental Research and Public Health, 18*(4), 1732. https://doi.org/10.3390/ijerph18041732.

Pageaux, B., & Lepers, R. (2018). The effects of mental fatigue on sport-related performance. *Progress in Brain Research, 240*, 291–315.

Pageaux, B., Lepers, R., Dietz, K. C., & Marcora, S. M. (2014). Response inhibition impairs subsequent self-paced endurance performance. *European Journal of Applied Physiology, 114*(5), 1095–1105. https://doi.org/10.1007/s00421-014-2838-5.

Policastro, F., Accardo, A., Marcovich, R., Pelamatti, G., & Zoia, S. (2018). Relation between motor and cognitive skills in Italian basketball players aged between 7 and 10 years old. *Sports, 6*(3), 80. https://doi.org/10.3390/sports6030080.

Porter, J. M., Wu, W. F., Crossley, R. M., Knopp, S. W., & Campbell, O. C. (2015). Adopting an external focus of attention improves sprinting performance in low-skilled sprinters. *The Journal of Strength & Conditioning Research, 29*(4), 947–953.

Rogge, A. K., Röder, B., Zech, A., Nagel, V., Hollander, K., Braumann, K. M., & Hötting, K. (2017). Balance training improves memory and spatial cognition in healthy adults. *Scientific Reports, 7*(1), 5661.

Ren, Y., & Wang, C. (2022). Effects of perceptual-cognitive tasks on inter-joint coordination of soccer players and ordinary college students. *Frontiers in Psychology, 13*, 892118.

Romeas, T., Chaumillon, R., Labbé, D., & Faubert, J. (2019). Combining 3D-MOT with sport decision-making for perceptual-cognitive training in virtual reality. *Perceptual and Motor Skills, 126*(5), 922–948. https://doi.org/10.1177/0031512519860286.

Scharfen, E., & Memmert, D. (2019). The relationship between cognitive functions and sport-specific motor skills in elite youth soccer players. *Frontiers in Psychology - Movement Science & Sport Psychology, 10*, 817.

Scharfen, H., & Memmert, D. (2021a). Fundamental relationships of executive functions and physiological abilities with game intelligence, game time and injuries in elite soccer players. *Applied Cognitive Psychology, 35*(6), 1535–1546.

Scharfen, H., & Memmert, D. (2021b). Fundamental relationships of executive functions and physiological abilities with game intelligence, game time and injuries in elite soccer players. *Applied Cognitive Psychology, 35*(6), 1535–1546.

Schwab, S., & Balle, J. (2024). *Fußball – Das Praxisbuch für Training, Studium, Schule und Freizeitsport*. Springer-Verlag.

Schwab, S., & Bergmann, F. (2023). Das reformierte Wettbewerbssystem im deutschen Kinderfußball: Empirische Befunde und deren Implikationen für eine entwicklungsgemäße Spielkonzeption. In S. Greve, J. Süßenbach, & S. Schiemann (Hrsg.), *Diversität im Sportspiel* (Schriften der Deutschen Vereinigung für Sportwissenschaft, Bd. 302, S. 169–190). Feldhaus, Edition Czwalina.

Scudder, M. R., Drollette, E. S., Szabo-Reed, A. N., Lambourne, K., Fenton, C. I., Donnelly, J. E., & Hillman, C. H. (2016). Tracking the relationship between children's aerobic fitness and cognitive control. *Health Psychology, 35*(9), 967.

Smith, M. R., Coutts, A. J., Merlini, M., Deprez, D., Lenoir, M., & Marcora, S. M. (2015). Mental fatigue impairs soccer-specific physical and technical performance. *Medicine & Science in Sports & Exercise, 48*(2), 267–276. https://doi.org/10.1249/mss.0000000000000762.

Smith, M. R., Marcora, S. M., & Coutts, A. J. (2014). Mental fatigue impairs intermittent running performance. *Medicine & Science in Sports & Exercise, 47*(8), 1682–1690. https://doi.org/10.1249/mss.0000000000000592.

Staiano, W., Bonet, L. R. S., Romagnoli, M., & Ring, C. (2023). Mental fatigue: The cost of cognitive loading on weight lifting, resistance training, and cycling performance. *International Journal of Sports Physiology and Performance, 18*(5), 465–473. https://doi.org/10.1123/ijspp.2022-0356.

Staiano, W., Bosio, A., de Morree, H. M., Rampinini, E., & Marcora, S. (2018). The cardinal exercise stopper: Muscle fatigue, muscle pain or perception of effort? *Progress in brain research, 240, 175–200.*

Staiano, W., Merlini, M., Romagnoli, M., Kirk, U., Ring, C., & Marcora, S. (2022). Brain endurance training improves physical, cognitive, and multitasking performance in professional football players. *International Journal of Sports Physiology and Performance, 17*(12), 1732–1740. https://doi.org/10.1123/ijspp.2022-0144.

Suárez, M. C., Serenini, A. L. P., Fernández-Echeverría, C., Collado-Mateo, D., & Arroyo, M. P. M. (2020). The effect of decision training, from a cognitive perspective, on decision-making in volleyball: A systematic review and meta-analysis. *International Journal of Environmental Research and Public Health, 17*(10), 3628. https://doi.org/10.3390/ijerph17103628.

Swain, P., Biggins, J., & Gordon, D. (2020). Marathon pacing ability: Training characteristics and previous experience. *European Journal of Sport Science, 20*(7), 880–886.

Trecroci, A., Duca, M., Cavaggioni, L., Rossi, A., Scurati, R., Longo, S., Merati, G., Alberti, G., & Formenti, D. (2021). Relationship between cognitive functions and sport-specific physical performance in youth volleyball players. *Brain Sciences, 11*(2), 227. https://doi.org/10.3390/brainsci11020227.

Wilke, J. & Vogel, O. (2020). Computerized Cognitive Training with Minimal Motor Component Improves Lower Limb Choice-Reaction Time. Journal of Sports Science and Medicine, 19(3), 529–534. https://www.jssm.org/hfpdf.php?volume=19&issue=3&page=529

Teil II
Praxisteil

Einordnung des Praxisteils

5

Damit die hier auf den kommenden Seiten beschriebenen Trainingsformen adäquat, interessant und abwechslungsreich gestaltet werden können, hat ein Trainer verschiedene Steuerungsmöglichkeiten (Abb. 5.1), die er passend auf seine Trainingsgruppe (Niveau, Alter, usw.) anwenden muss:

– In diesem Kapitel bieten wir 66 Spiel- und Übungsformen für das Training an, indem wir versucht haben, eine Auswahl an unterschiedlichen Übungstypen und Spielformen, wie in den vorherigen Kapiteln diskutiert, darzulegen (Tab. 5.1).

Neben der Organisation, dem Ablauf, den möglichen Variationen und dem Trainer-Tipp, der Erfahrungswerte der Autoren mit der jeweiligen Spiel- oder Übungsform liefern soll, finden sich für jede Trainingsform noch mindestens eine Abbildung für ein besseres räumliches Verständnis.

Für die Umsetzung dieser Trainingsformen ist grundlegendes Equipment erforderlich, das in den meisten Fällen einfach zugänglich ist. Dazu gehören Spielfeldmarkierungen (Hütchen, Pylonen, usw.) für die Abgrenzung von Spielfeldern, mehrere Bälle sowie Leibchen, um Teams zu kennzeichnen. Zusätzlich können Hilfsmittel wie Stoppuhren, Kartensets oder Trillerpfeifen verwendet werden, um Zeiten einzuhalten, Signale zu geben und die Gruppe zusammenzurufen. Diese Ausrüstung trägt dazu bei, die Trainingsformen effektiv durchzuführen und den Trainingsprozess zu optimieren.

Es wird neben einer Vielzahl an fußballspezifischen Spiel- und Übungsformen auch eine Auswahl an Stabilisationsübungen vorgestellt, die bei diversen Trainingsformen, abhängig von der Altersklasse der Spieler, integriert werden können. Diese Stabilisationsübungen unterstützen gezielt die Entwicklung der Kraftausdauer und die Stabilität des Körpers, die für das sichere und effiziente Ausführen von Bewegungsabläufen im Fußball von zentraler Bedeutung sind.

Um eine strukturierte Herangehensweise zu ermöglichen, wurden die elf Stabilisationsübungen in drei Kategorien unterteilt: fünf Kraftausdauerübungen, drei Stabilisationsübungen für den Unterkörper und drei Stabilisationsübungen für den

D. Memmert et al., *Kognitives Athletiktraining im Fußball,* Kognitives Athletiktraining, https://doi.org/10.1007/978-3-662-71275-7_5

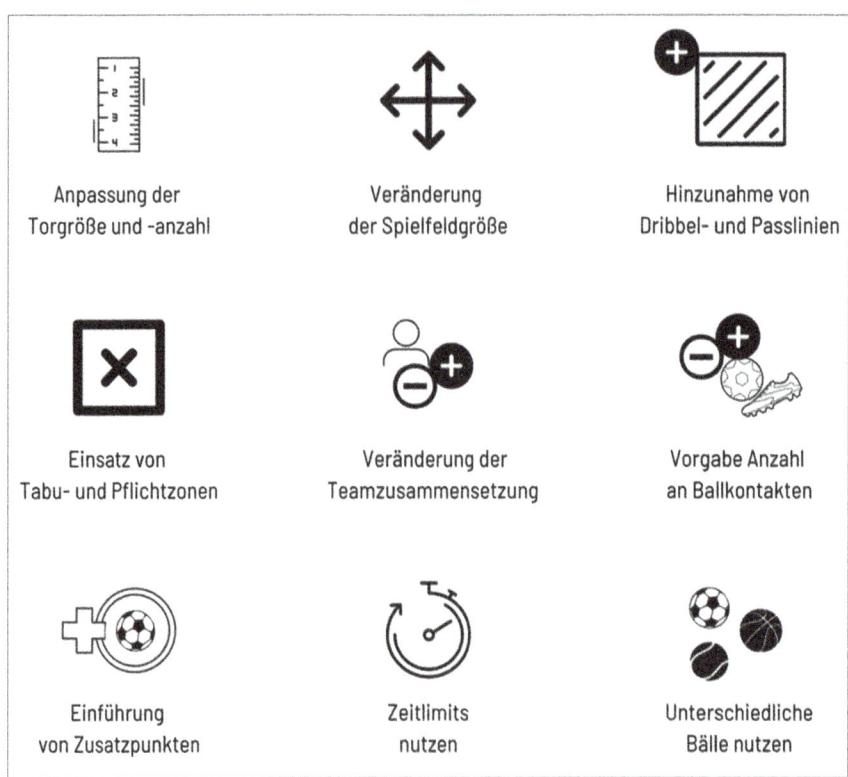

Abb. 5.1 Allgemeine Steuerungsmöglichkeiten unterschiedlicher Trainingsformen (Schwab & Balle, 2024)

Tab. 5.1 Übersicht der Spiel- und Übungsformen des kognitiven Athletiktrainings im Praxisteil

Athletik/ Kognitionen	Schnelligkeit	Ausdauer	Koordination	Kraft
Antizipation	S. 39 – 46	S. 47 – 54	S. 55 – 62	S. 63 – 67
Wahrnehmung	S. 69 – 76	S. 77 – 84	S. 85 – 92	S. 93 – 97
Aufmerksamkeit	S. 99 – 105	S. 107 – 111	S. 115 – 121	S. 123 – 127
Kreativität	S. 129 – 135	S. 137 – 143	S. 145 – 151	S. 153 – 157
Intelligenz	S. 159 – 165	S. 167 – 173	S. 175 – 181	S. 183 – 187
Arbeitsgedächtnis	S. 189 – 195	S. 197 – 203	S. 205 – 211	S. 213 – 217

Oberkörper. Diese Übungen können flexibel und je nach Trainingsschwerpunkt in die jeweilige Trainingseinheit eingebaut werden.

Bei den Trainingsformen, die die athletische Komponente der Kraft beinhalten, haben wir uns darauf verständigt, keine konkreten Vorschläge in der jeweiligen Spiel- und Übungsform bereitzustellen, sondern die folgende Tabelle (Tab. 5.2) für

Tab. 5.2 Übersicht der Stabilisationsübungen als Unterstützung der Spiel- und Übungsformen des kognitiven Athletiktrainings im Praxisteil

Kraftausdauer		
Wechselsprünge	 	• Knie schiebt nicht über Fußspitze • Oberkörper gerade halten • Mit maximaler Kraft vom Boden abdrücken • Ausfallschritte mit Springen im Wechsel links/rechts • Bei Landung mit hinterem Fuß auf Fußballen & Zehen landen • Arme mitnehmen
Bergsteiger	 	• Arme gestreckt • Rumpf stabil und anspannen • Beine/Knie so nah wie möglich zur Brust bringen • Im Wechsel links/rechts
Plank zu Liegestütz	 	• Wirbelsäule neutral halten • Bauch anspannen • Hüfte nicht absinken lassen • Brust raus • Blick zum Boden • Von Unterarmstütz in Liegestützt-Position und eine Liegestütz ausführen • Ellenbogen nach hinten beugen (nicht zur Seite) • Immer im Wechsel Plank/Liegestütz
Halbe Burpees	 	• Liegestütz-Ausgangsposition (Arme gestreckt) • Danach aufrichten und so hoch wie möglich springen • Anschließend wieder in Liegestützposition • Körper geradlinig halten • Gleichmäßiges Tempo

(Fortsetzung)

Tab. 5.2 (Fortsetzung)

Kraftausdauer		
Hampelmänner		• Gleichmäßiges Tempo • Körper aufrecht halten • Arme und Beine arbeiten synchron

Unterkörper

Ausfallschritt vorwärts		• Füße zeigen nach vorne • Oberkörper aufrecht halten • Großer Ausfallschritt nach vorne • Knie schiebt nicht über Fußspitze • Abwechselnd links/rechts
Einbeiniges Beckenheben		• Fußspitzen anziehen • Knie 90° beugen • Gesäß anspannen • Hüfte so weit wie möglich nach oben
Kniebeuge		• Füße zeigen nach vorne • Füße schulterbreit • Gerader Rücken in tiefer Position • Blick nach vorne • So tief wie möglich

(Fortsetzung)

Tab. 5.2 (Fortsetzung)

Kraftausdauer		
Oberkörper		
Liegestütz		• Wirbelsäule neutral halten • Bauch anspannen • Hüfte nicht absinken lassen • Brust raus • Blick zum Boden • Ellenbogen nach hinten beugen (nicht zur Seite)
Plank – diagonal		• Unterarmstütz mit Ellenbogen senkrecht unter den Schultern • Diagonal Arm und Knie zusammenführen • Komplette Streckung der Arme und Beine • Langsame Bewegungsausführung • Im Wechsel links/rechts nach zwei Wiederholungen
Bauchlage unterer Rücken mit Ziehen		• Bauchlage • Oberkörper und Füße vom Boden heben • Arme und Beine ausstrecken • Ellenbogen beugen und zur Hüfte ziehen • Blick zum Boden

die Stabilisationsübungen erstellt. Hier kann sich nun jeder Trainer die für ihn passenden Übungen für die jeweiligen Trainingsformen aussuchen und mit den Spielern durchführen.

Durch ihre systematische Einbindung kann nicht nur das Verletzungsrisiko gesenkt, sondern auch eine optimale Grundlage für die fußballspezifische Belastbarkeit der Spieler geschaffen werden.

Die Grafiken zur Ausführung der Stabilisationsübungen wurden uns von der Fußball-Trainingsapp CoTrainer zur Verfügung gestellt. Vor allem im Bereich des Stabilisationstrainings ist es entscheidend, dass die Übungen korrekt ausgeführt werden, um ihre volle Wirkung zu entfalten und Verletzungen vorzubeugen. Die Abbildungen bieten Trainern dafür eine wertvolle visuelle Unterstützung für eine sichere und effektive Umsetzung.

Literatur

Schwab, S., & Balle, J. (2024). *Fußball – Das Praxisbuch für Training, Studium, Schule und Freizeitsport*. Springer-Verlag.

Antizipation & Schnelligkeit

6

D. Memmert et al., *Kognitives Athletiktraining im Fußball,* Kognitives
Athletiktraining, https://doi.org/10.1007/978-3-662-71275-7_6

6.1   Camp Nou Fangspiel (Barcelona)

Organisation
- Es wird ein 20×20 m großes Spielfeld markiert.
- Es werden zwei Fänger (rot) aus einer beliebig großen Gruppe bestimmt.
- Die übrigen Spieler (blau) haben drei Bälle zur Verfügung.

Ablauf
- Zwei Spieler (Fänger) versuchen, die übrigen Spieler zu fangen.
- Jeder Spieler, der mit einem Ball in der Hand läuft, darf nicht gefangen werden.
- Die Spieler müssen sich also die Bälle geschickt untereinander zuspielen, um einem Abschlag des Fängers zu entgehen.

Variation
- Die Spielfeldgröße anpassen (verkleinern bzw. vergrößern).
- Die Anzahl der Fänger bzw. Bälle im Spiel anpassen.
- Bei zu vielen Spielern zwei Felder parallel aufbauen.
- Wer den Ball besitzt, darf keinen Schritt mit Ball laufen.

Trainer-Tipp

- Darauf achten, dass die Belastungsintensität bzw. die Übungsdauer an das Niveau der Spieler angemessen sind (Abb. 6.1).

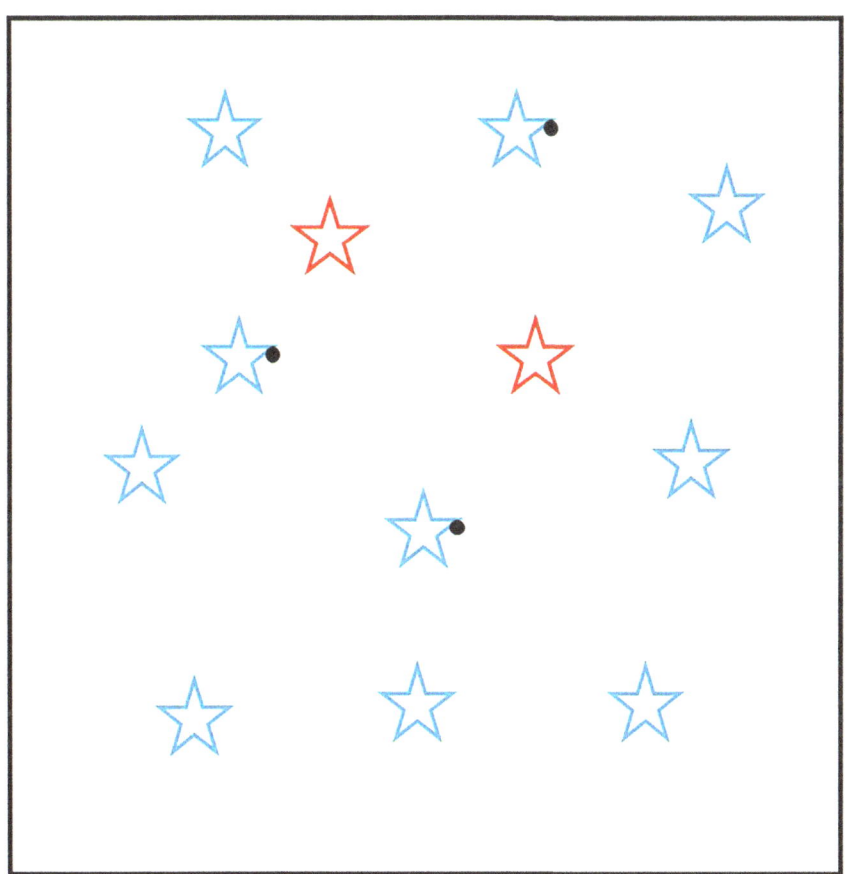

Abb. 6.1 Camp Nou Fangspiel

6.2   Maracanã Verfolgungsrennen (Rio de Janeiro)

Organisation
- Es werden fünf Hütchen im Abstand von jeweils 3 m ab 18 m vor dem Tor aufgebaut.
- Auf Höhe des letzten Hütchens befinden sich dann noch drei weitere Hütchen im Abstand von jeweils 3 m auf beiden Seiten.
- Die rote Mannschaft steht mit Bällen in einer Reihe nebeneinander im kleinen roten Hütchentor hinter dem letzten Slalom-Hütchen und die blaue Mannschaft wartet in einer Reihe an einem der drei seitlichen Hütchen ohne Ball.

Ablauf
- Das Duell startet, wenn der rote Spieler den Ball berührt und versucht, schnellstmöglich durch den Dribbel-Parcours zu kommen.
- Diese Ballberührung ist für den blauen Spieler das Zeichen, den weiten Weg um das erste Dribbel-Hütchen zu laufen, um dann gerade aus an den Hütchen Richtung Tor zu laufen.
- Das Ziel von des blauen Spielers ist es dabei, den roten Spieler vor dem letzten Hütchen (18 m vor dem Tor) an der Schulter zu berühren.
- Wenn der rote Spieler nicht gefangen wird, schließt er mit dem nächsten Kontakt nach dem letzten Hütchen auf das Tor ab.
- Wenn der blaue Spieler beim Fangen erfolgreich ist, muss der rote Spieler den Ball einfach rollen lassen und der blaue Spieler übernimmt für ihn den Torschuss.

Variation
- Den Abstand der Fänger-Mannschaft häufig variieren (z. B. 3 m, 6 m oder 9 m).
- Die Fänger im Wechsel von links und rechts starten lassen.

Trainer-Tipp
- Darauf achten, dass in dem jeweiligen Duell beide Spieler realistische Chancen haben, das Duell für sich zu entscheiden.
- Abstände von den Spielern von Duell zu Duell neu anpassen und gemeinsam entscheiden lassen (Abb. 6.2).

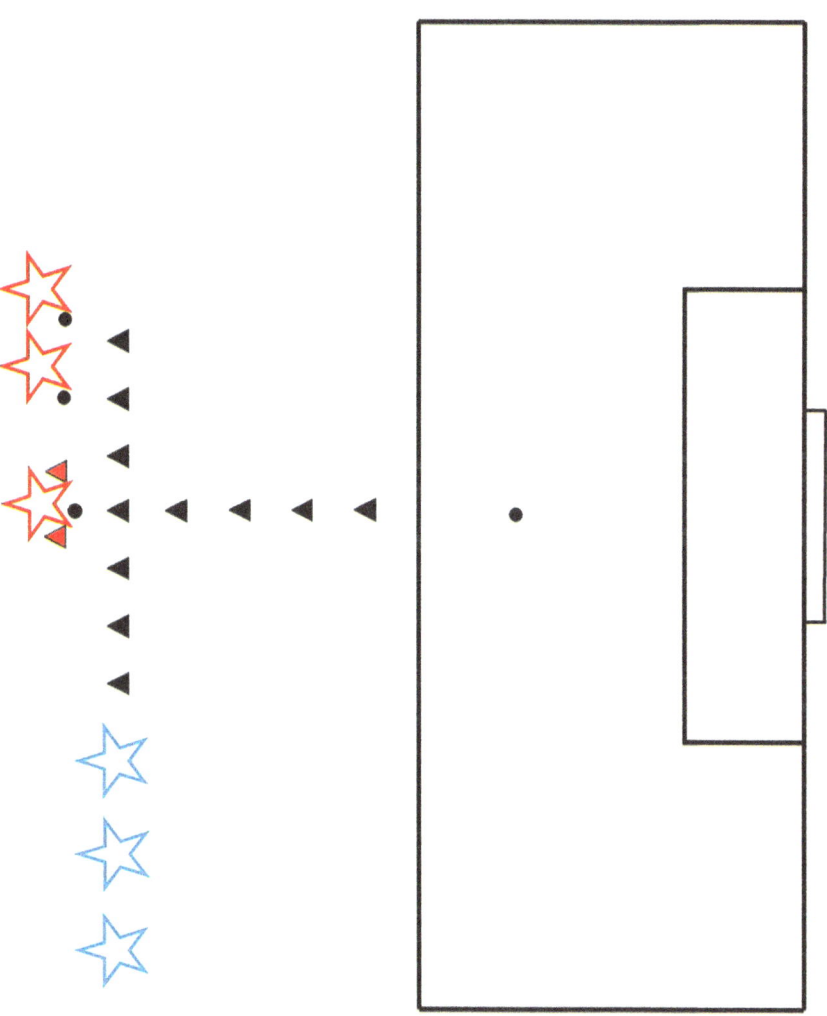

Abb. 6.2 Maracanã Verfolgungsrennen

6.3   Wembley Wendigkeits-Sprints mit Ball (London)

Organisation
- Die Spieler werden in zwei Mannschaften aufgeteilt (Fänger & Läufer).
- Das Feld (15 x 15 m) mit den entsprechenden Hütchen und dem einen Ball zentral vor den Hütchen bestücken.

Ablauf
- Die ersten Spieler beider Mannschaften starten auf das Kommando des Trainers und springen über die Hürden.
- Nach Überqueren der Hürden befinden sich die beiden Spieler im Aktionsbereich (jeweils vor den schwarzen Hütchen).
- Der blaue Läufer nimmt den zentralen Ball auf und versucht durch schnelle Bewegungen, Richtungswechsel und Körperfinten den roten Fänger ins Leere laufen zu lassen.
- Ziel des blauen Läufers ist es, durch eines der schwarzen Hütchentore mit Ball am Fuß zu entkommen, bevor ihm der Ball abgenommen wird.
- Anschließend wechseln die Spieler die Seiten und Rollen, sodass jeder Spieler zweimal Läufer und zweimal Fänger war.
- Dabei sammelt jeder Spieler seine Punkte.

Variation
- Schwarze Hütchentore um jeweils 1 m verbreitern.
- Hütchentore zugunsten des Fängers / Läufers positionieren.

Trainer-Tipp
- Ab einer Spieleranzahl von zehn Spielern (5 vs. 5) empfiehlt sich ein zweiter Aufbau.
- Gegebenenfalls zunächst einen Durchgang ohne Ball durchführen, um den Ablauf reinzubekommen, bevor dann der Ball hinzugenommen wird (Abb. 6.3).

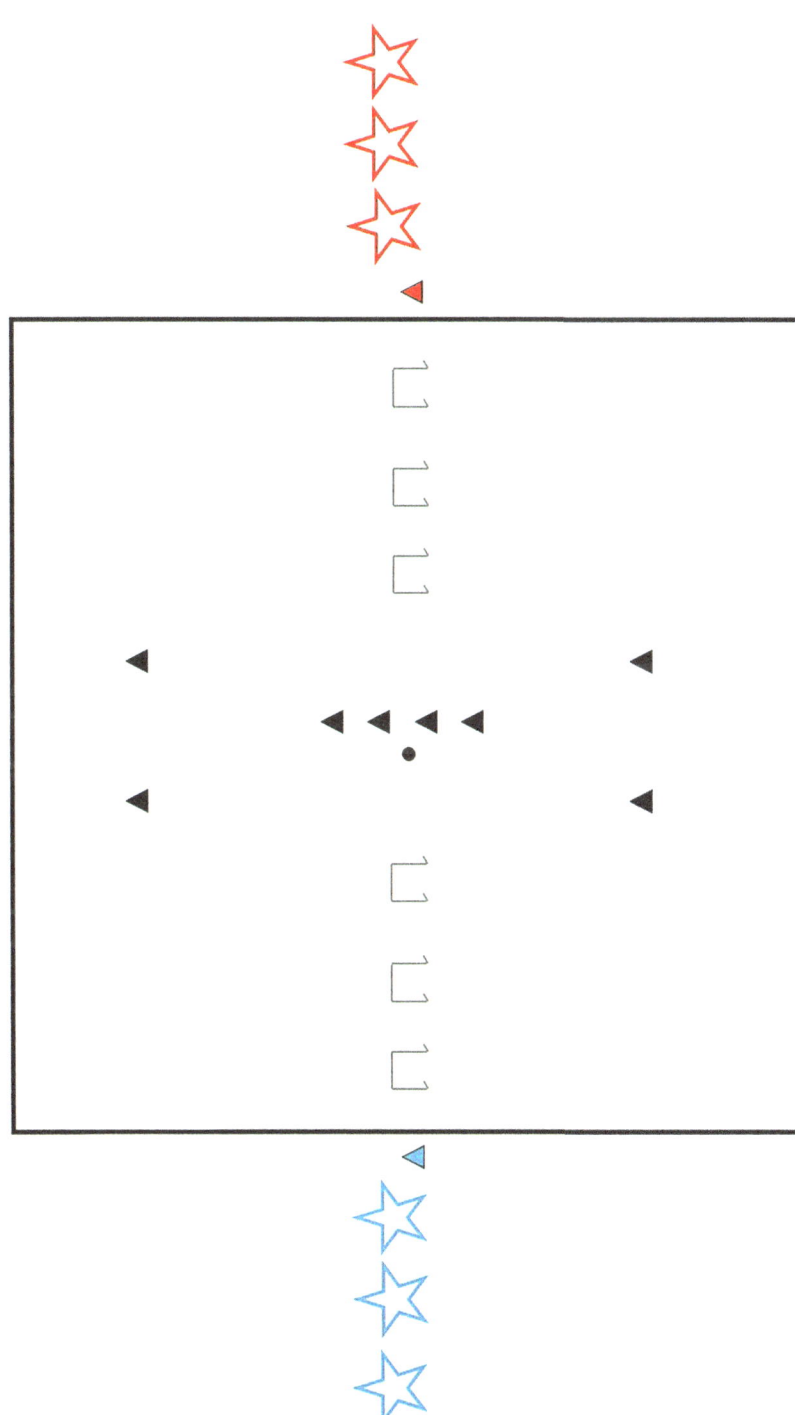

Abb. 6.3 Wembley Wendigkeits-Sprints mit Ball

Antizipation & Ausdauer

7

D. Memmert et al., *Kognitives Athletiktraining im Fußball,* Kognitives Athletiktraining, https://doi.org/10.1007/978-3-662-71275-7_7

7.1   Estadio Santiago Bernabéu 6 vs. 6 (Madrid)

Organisation
- Es wird ein Quadrat (25 m × 25 m) aufgebaut.
- Vier gelbe Passtore (2 m breit) werden an den Eckpunkten des Spielfeldes platziert.
- Zwei Mannschaften mit jeweils sechs Spielern werden eingeteilt.
- Mehrere Bälle bereithalten, um den Spielfluss hochzuhalten.

Ablauf
- Die Mannschaften spielen in einem 6 vs. 6 gegeneinander auf alle vier Tore.
- Ein Tor wird erzielt, indem der Ball mit einem Flachpass kontrolliert von bspw. Der blauen Mannschaft durch ein Tor gespielt wird.
- Somit erhält die blaue Mannschaft einen Punkt und die rote Mannschaft startet sofort mit dem Ballbesitz vom selben Passtor aus.
- Die Spieler dürfen sich frei im Spielfeld bewegen und müssen die vier Tore gezielt anspielen, um einen Torerfolg zu erzielen.
- Die Trainingsform wird in mehreren Intervallen von 4–5 min durchgeführt, je nach Intensität und Trainingsziel.

Variation
- Durch die Begrenzung der Ballkontakte (z. B. maximal zwei oder drei Kontakte pro Spieler) wird der Druck erhöht und schnellere Entscheidungen gefordert.
- Die Trainer können in regelmäßigen Abständen die „aktiven" Passtore wechseln (z. B. nur zwei gegenüberliegende Tore zählen), um das Spiel dynamischer zu gestalten.
- Nur Direktabnahmen durch die Tore zählen als Treffer.

Trainer-Tipp
- Achte darauf, dass die Spieler nach einem Ballverlust sofort ins Gegenpressing gehen und bei Balleroberung sofort nach vorne spielen.
- Weise die Spieler auf die Wichtigkeit der richtigen Positionierung hin, um stets anspielbar zu sein und den Raum optimal zu nutzen (Abb. 7.1).

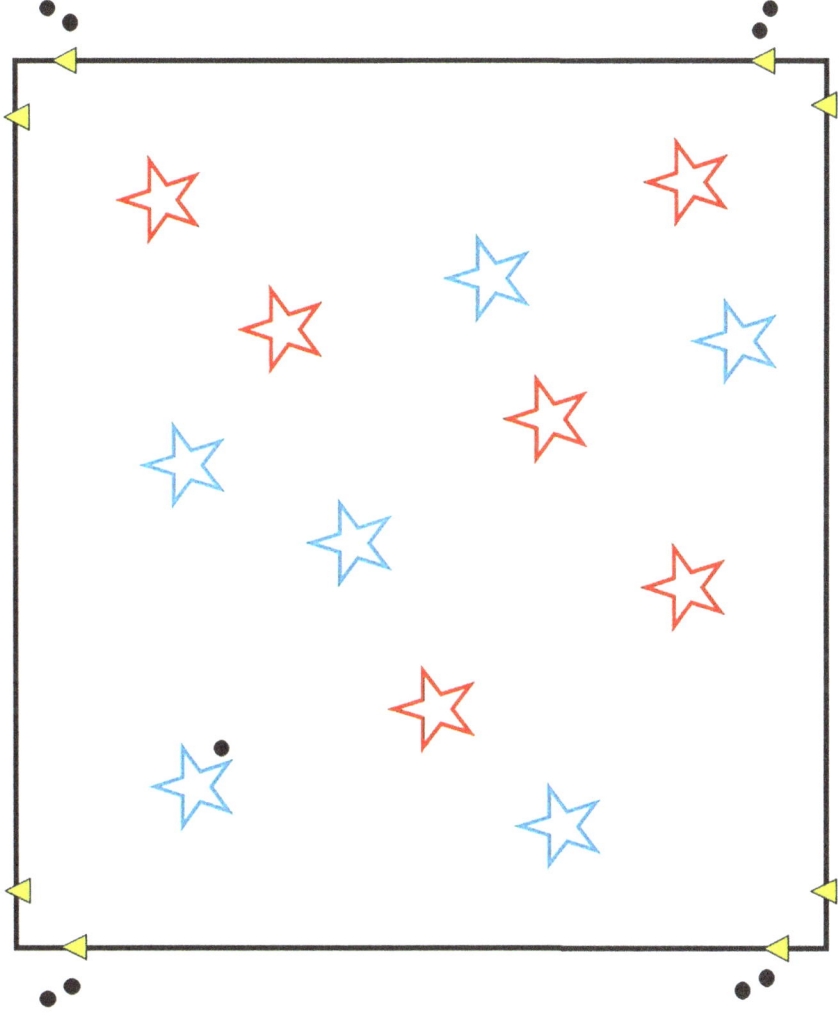

Abb. 7.1 Estadio Santiago Bernabéu 6 vs. 6

7.2   San Siro Sechs-Tore-Spiel (Mailand – Giuseppe-Meazza-Stadion)

Organisation
- Ein Feld (doppelter 16er) mit jeweils drei Toren (ein Dribbeltor, ein zentrales Tor und ein Minitor) auf beiden Grundlinien aufbauen, zwei Mannschaften im 5 vs. 5 einteilen und die Tore mit Torhütern besetzen.

Ablauf
- Es wird ganz normal 5 vs. 5 auf alle drei Tore gespielt.
- Es gibt für alle drei Arten der Torerzielung (durch das Hütchentor dribbeln, in das zentrale Tor treffen und in das Minitor passen) jeweils einen Punkt.

Variation
- Es besteht die Möglichkeit, unterschiedliche Punkte für die verschiedenen Torerzielungen zu vergeben.
- Die Minitore auf die Seitenlinien platzieren und die Dribbeltore direkt im Spielfeld aufbauen.

Trainer-Tipp
- Darauf achten, dass mögliche Passwege und Schussmöglichkeiten zugestellt werden.
- Die Spieler dazu animieren, viel miteinander zu kommunizieren (Abb. 7.2).

Abb. 7.2 San Siro Sechs-Tore-Spiel

7.3   Anfield Anspieler (Liverpool)

Organisation

- Ein Feld (doppelter 16er) mit zwei Toren aufbauen, zwei Mannschaften im 5 vs. 5 einteilen, die Tore mit Torhütern besetzen und jeweils zwei Minitore 10 m neben und 5 m hinter die Tore platzieren.
- Darüber hinaus werden zwei neutrale Spieler mit jeweils einer unterschiedlichen Leibchen-Farbe (gelb und grün) eingeteilt.

Ablauf

- Es wird ganz normal 5 vs. 5 auf die beiden zentralen Tore gespielt.
- Die beiden neutralen Spieler spielen jeweils bei der ballbesitzenden Mannschaft mit folgender Zusatzaufgabe mit:
  - Der gelbe neutrale Spieler darf lediglich Tore auf die vier Minitore vorbereiten, während der grüne neutrale Spieler Tore nur auf das zentrale Tor vorbereiten darf.

Variation

- Die neutralen Spieler mit einer Zusatzaufgabe zu der defensiven Mannschaft einbinden, bspw. dürfen sie lediglich Pässe abfangen, aber keine Zweikämpfe führen.

Trainer-Tipp

- Darauf achten, dass die neutralen Spieler nach einer gewissen Zeit ständig durchrotieren (Abb. 7.3).

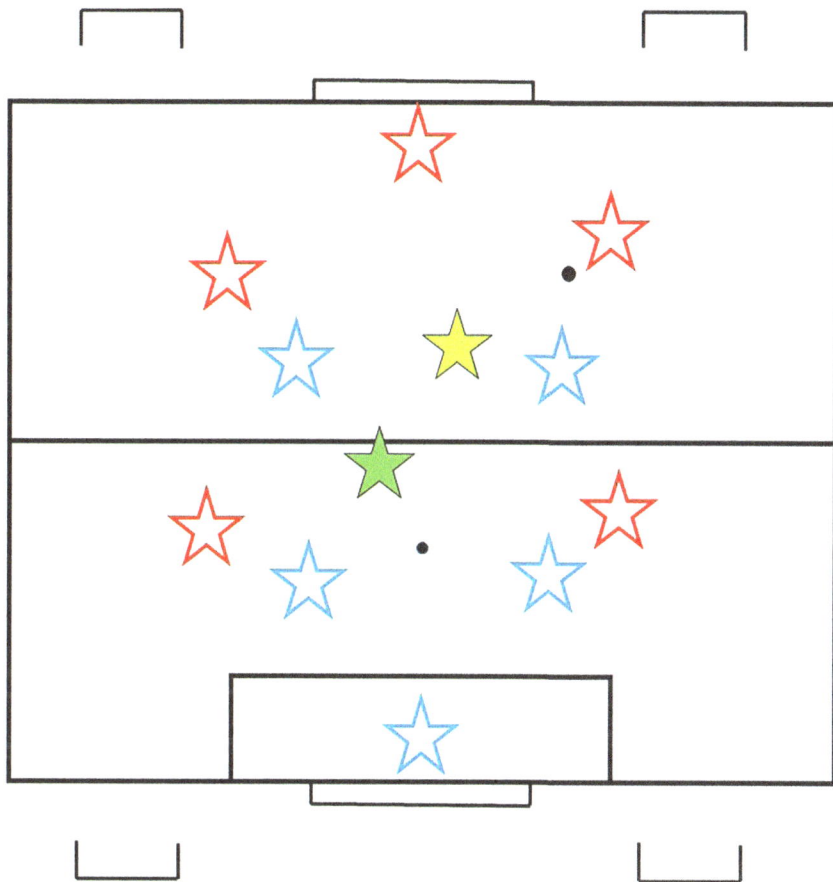

Abb. 7.3 Anfield Anspieler

Antizipation & Koordination

8

© Der/die Autor(en), exklusiv lizenziert an Springer-Verlag GmbH, DE, ein Teil
von Springer Nature 2025
D. Memmert et al., *Kognitives Athletiktraining im Fußball,* Kognitives
Athletiktraining, https://doi.org/10.1007/978-3-662-71275-7_8

8.1   Emirates Elfmeterschießen (London)

Organisation
- Vor dem Sechzehnmeterraum werden unterschiedliche Materialien genutzt und entsprechend aufgebaut, die für Koordinationsübungen genutzt werden können.

Ablauf
- Die Spieler durchlaufen nacheinander die jeweilige Koordinationsübung und schließen unmittelbar danach per 11 m ab.
- Nach der Koordinationsübung müssen die Spieler dem Trainer kurz leise mitteilen, in welche „Ecke" (rechts, links, Mitte) sie schießen werden.

Variation
- Zwei Minitore in die jeweiligen Torecken platzieren. Somit beschränkt sich dann die Auswahl der Schützen lediglich auf links oder rechts.
- Der Trainer gibt die „Ecke" vor.
- Der Trainer gibt nicht nur die „Ecke" vor, sondern auch die Höhe des Schusses, bspw. „links oben", „rechts unten", usw.
- Der Torwart wird angehalten, 2–3 Schritte vor dem Elfmeterschuss des Spielers, sich klar und deutlich für eine „Ecke" zu entscheiden.

Trainer-Tipp
- Nach einer Proberunde direkt einen Wettkampf mit zwei Mannschaften veranstalten (Abb. 8.1).

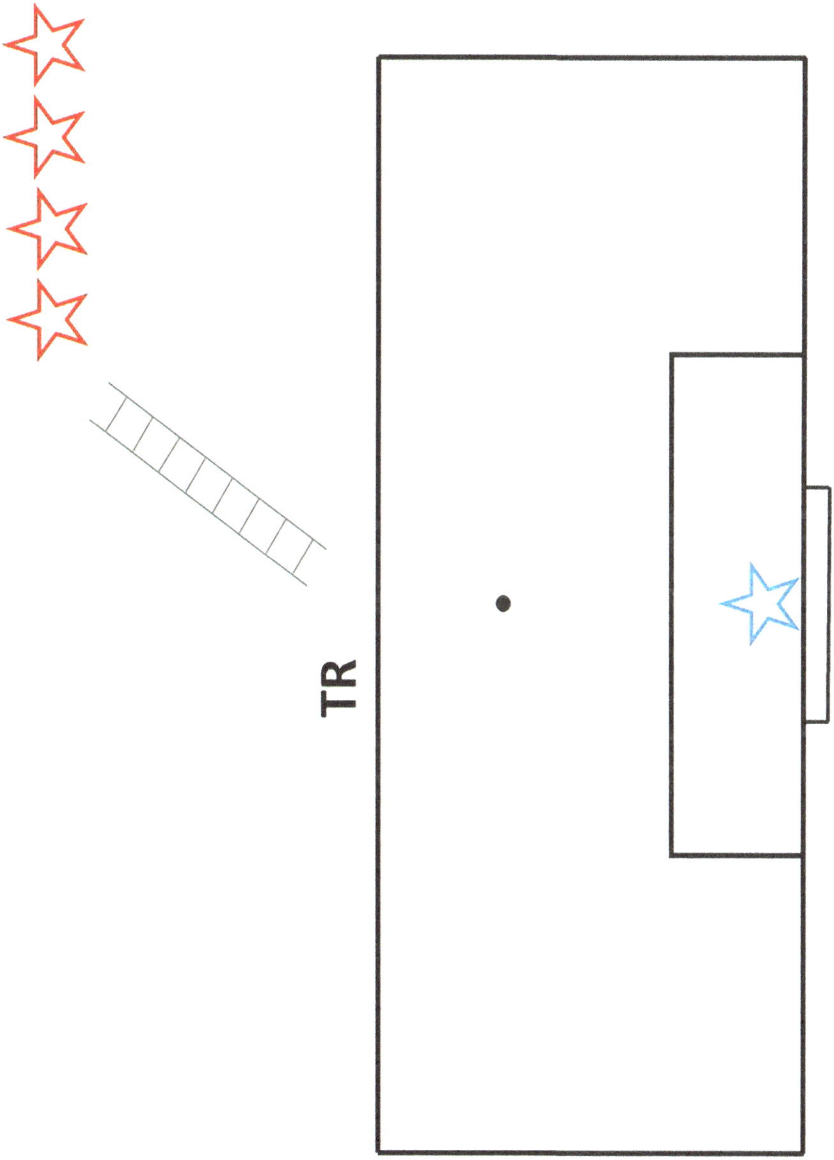

Abb. 8.1 Emirates Elfmeterschießen

8.2   Old Trafford Orientierung (Manchester)

Organisation

- Mannschaft A steht mit Bällen neben dem Tor und Mannschaft B wartet 25 m zentral vor dem Tor.
- Auf der 16 m Linie stehen noch zwei kleine Hütchentore in Verlängerung der Torpfosten des Tores.

Ablauf

- Der blaue Spieler dribbelt 3–5 Schritte Richtung Elfmeterpunkt, passt dann auf den roten Spieler und stellt sich anschließend in eines der beiden Hütchentore.
- Der rote Spieler nimmt den Ball entsprechend Richtung freiem, kleinen Hütchentor mit, macht dort eine Finte und schließt auf das Tor ab.

Variation

- Der rote Spieler nimmt den Ball Richtung Hütchentor mit, in dem der blaue Spieler wartet, geht dort ins 1 vs. 1 und versucht nach erfolgreichem Duell ein Tor zu erzielen. Der blaue Spieler versucht dies zu verhindern.

Trainer-Tipp

- Auf den ersten Kontakt in die Bewegung von dem roten Spieler achten, damit dieser direkt Geschwindigkeit Richtung kleines Hütchentor aufnehmen kann (Abb. 8.2).

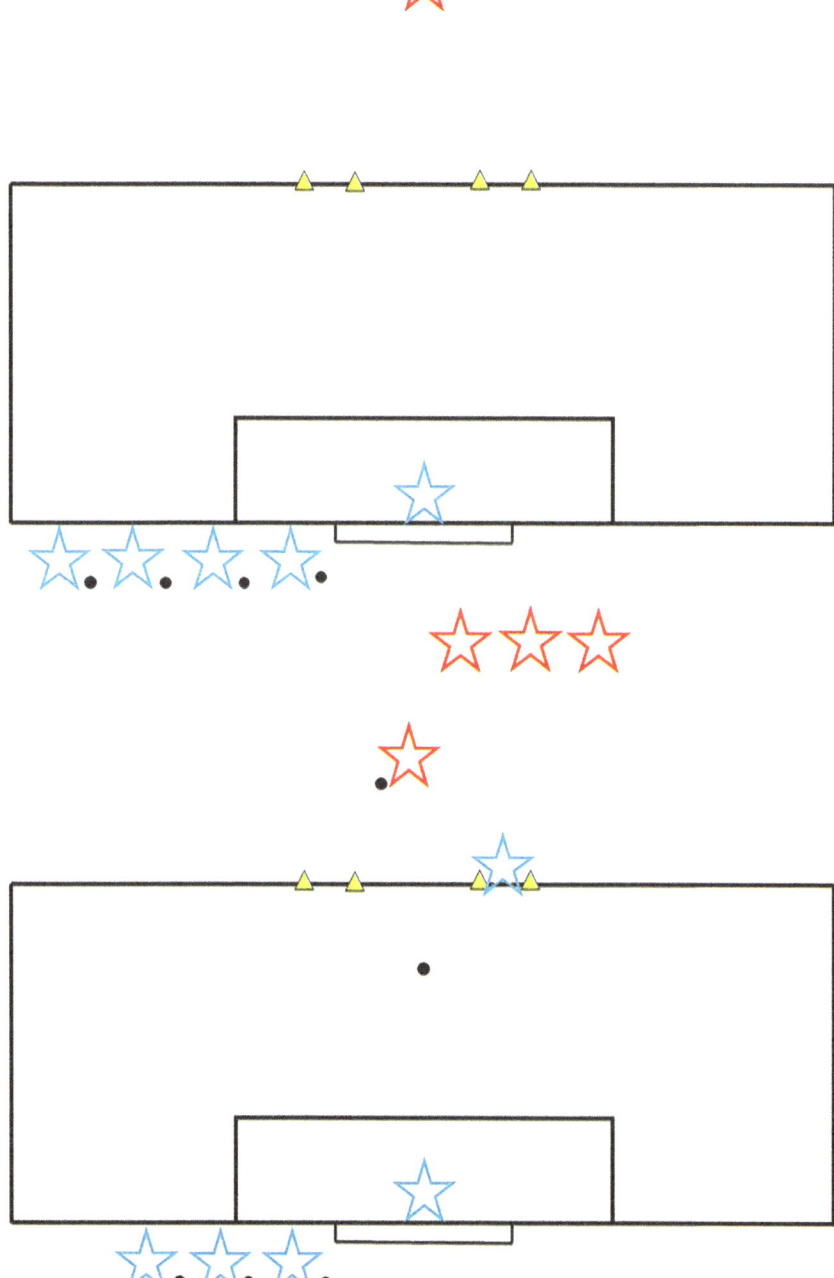

Abb. 8.2 Old Trafford Orientierung

8.3   Westfalenstadion Wendigkeits-Sprints ohne Ball (Dortmund – Signal Iduna Park)

Organisation

- Die Spieler werden in zwei Mannschaften aufgeteilt (Fänger & Läufer).
- Das Feld (15×15 m) mit den beiden Koordinationsleitern und den entsprechenden Hütchen bestücken.
- Vorab werden unterschiedliche Koordinationsübungen ausgeführt, bspw. Skippings (2 Kontakte) durch die Koordinationsleiter.

Ablauf

- Die ersten Spieler beider Mannschaften starten auf das Kommando des Trainers und durchlaufen die Koordinationsleiter.
- Nach Durchlaufen der Koordinationsleiter befinden sich die beiden Spieler im Aktionsbereich (jeweils vor den roten Hütchen).
- Der blaue Läufer versucht hier durch schnelle Bewegungen, Richtungswechsel und Körperfinten den roten Fänger ins Leere laufen zu lassen.
- Das Ziel des blauen Läufers besteht darin, durch das schwarze Hütchentor zu entkommen, bevor er gefangen wird.
- Jeder Spieler sammelt somit seine eigenen Punkte.

Variation

- Die schwarzen Hütchentore um jeweils 1 m verbreitern.
- Die Hütchentore zugunsten des Fängers/Läufers positionieren.
- Anstelle einer Koordinationsleiter können auch bspw. Hürden genutzt werden.

Trainer-Tipp

- Ab einer Spieleranzahl von 10 Spielern (5 vs. 5) empfiehlt sich ein zweiter Aufbau (Abb. 8.3).

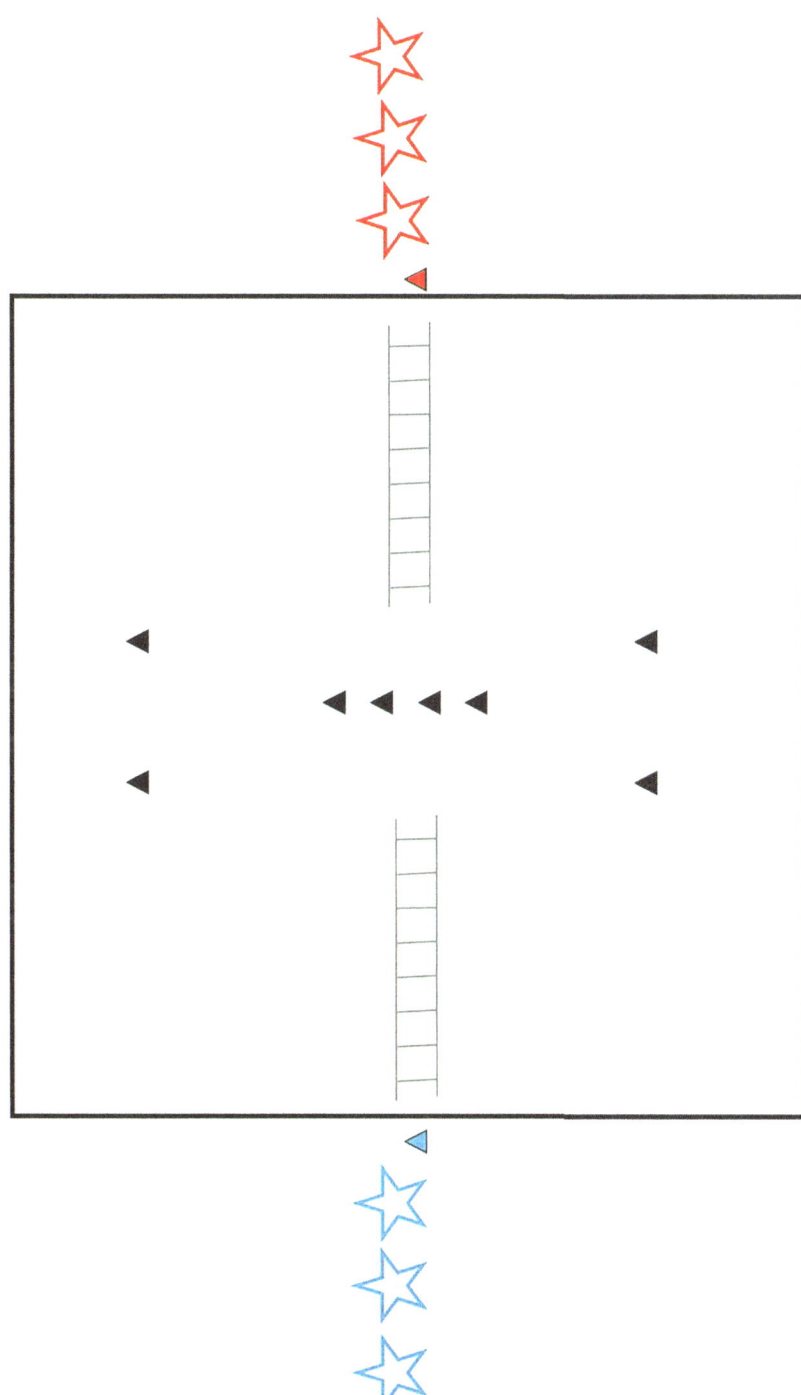

Abb. 8.3 Westfalenstadion Wendigkeits-Sprints ohne Ball

Antizipation & Kraft

9

D. Memmert et al., *Kognitives Athletiktraining im Fußball,* Kognitives Athletiktraining, https://doi.org/10.1007/978-3-662-71275-7_9

9.1   Stamford Bridge Stabilisations-Zweikampf (London)

Organisation
- Es wird ein Feld mit zwei Minitoren aufgebaut.
- In den jeweiligen Ecken stehen vier gelbe Anspieler.
- Zwei Spieler befinden sich in der Mitte des Feldes.

Ablauf
- Die beiden Spieler in der Mitte führen eine Stabilisationsübung aus.
- Einer der vier Anspieler eröffnet dann die 1 vs. 1 – Situation in der Mitte mit einem Pass.
- Die Kommunikation der gelben Anspieler verläuft dabei rein nonverbal.
- Ziel ist es dann, ein Tor in eines der beiden Minitore zu erzielen.
- Danach tauschen zwei gelbe Anspieler Aufgabe und Position mit den mittleren beiden Spielern.

Variation
- Die vier gelben Anspieler dribbeln um das Feld, bevor einer von ihnen den Pass spielt.
- Die vier gelben Anspieler befinden sich ebenfalls die ganze Zeit in einer Stabilisationsübung.
- Die Minitore den beiden Spielern im Feld vor dem Duell fest zuweisen.

Trainer-Tipp
- Darauf achten, dass die Stabilisationsübungen sinnvoll variiert werden (Abb. 9.1).

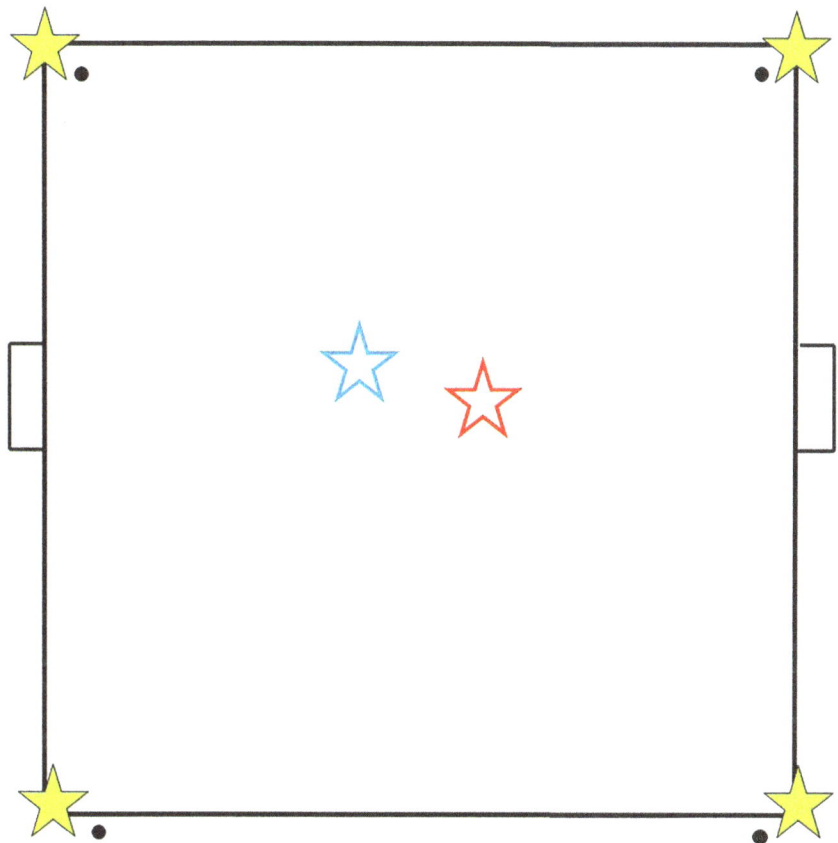

Abb. 9.1 Stamford Bridge Stabilisations-Zweikampf

9.2   Parc des Princes Zähl-Spiel (Paris)

Organisation
- Zwei Mannschaften mit zehn Spielern einteilen.

Ablauf
- Ziel jeder Mannschaft ist es, laut von 1–10 zu zählen.
- Dabei darf jeder Spieler allerdings lediglich eine Zahl laut nennen.
- Sollten zwei oder mehrere Spieler gleichzeitig die entsprechende Zahl rufen, beginnt die Mannschaft wieder mit dem Zählen von vorne.
- Jegliche Form der Kommunikation (sprechen, zeigen) ist dabei untersagt.
- Währenddessen absolvieren beide Mannschaften eine Stabilisationsübung.

Variation
- Die Spieler müssen während der Stabilisationsübung noch die Augen schließen.
- Die Übung mit der gesamten Mannschaft durchführen, ohne zwei Mannschaften zu bilden.
- Spieleranzahl auf die eigene Mannschaftsgröße anpassen.

Trainer-Tipp
- Nach jedem Durchgang die beiden Mannschaften neu durchmischen (Abb. 9.2).

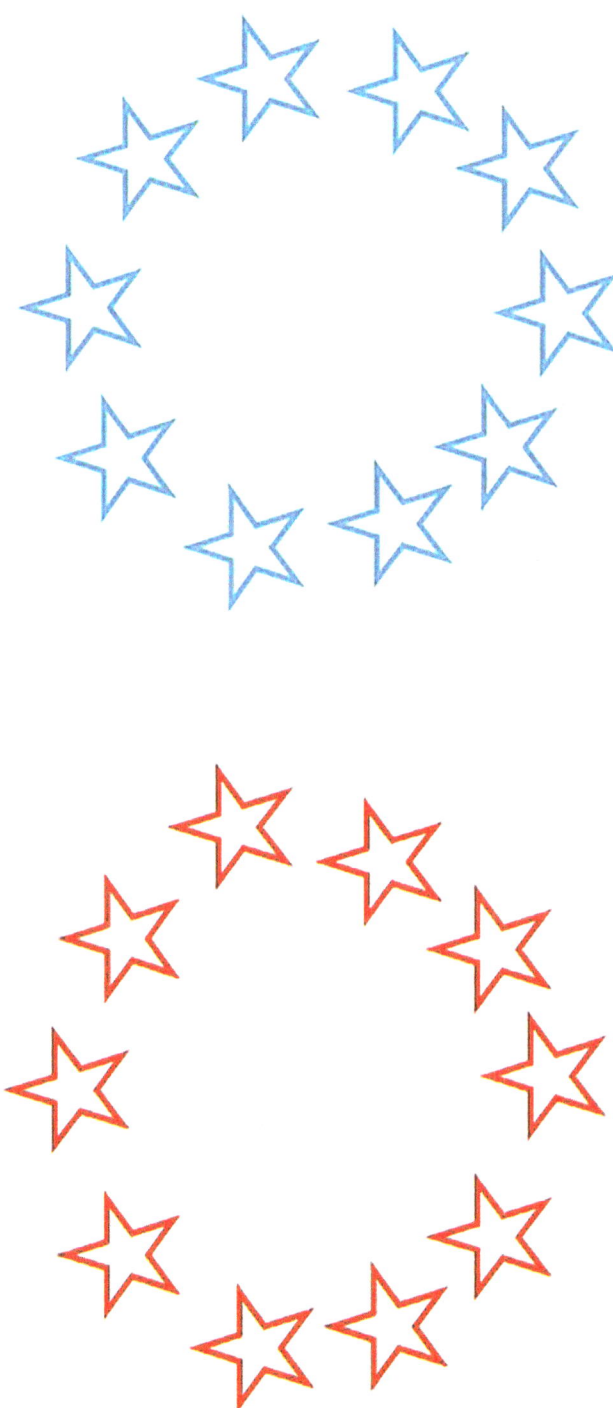

Abb. 9.2   Parc des Princes Zähl-Spiel

Wahrnehmung & Schnelligkeit

D. Memmert et al., *Kognitives Athletiktraining im Fußball,* Kognitives Athletiktraining, https://doi.org/10.1007/978-3-662-71275-7_10

10.1   Seoul World Cup Stadium Schnick-Schnack-Schnuck-Wettkampf (Seoul)

Organisation
- Ein Feld mit 20 m × 20 m, einer Mittellinie, entsprechend der Spieleranzahl Bälle auf den jeweiligen Grundlinien sowie mehreren Minitoren weitere 10 m hinter den Grundlinien platzieren.
- Die Spieler stellen sich paarweise mit einem Meter Abstand von Angesicht zu Angesicht mit der Mittellinie zwischen sich auf.

Ablauf
- Es wird paarweise Schnick-Schnack-Schnuck gespielt.
- Der Verlierer dieses Duells muss fangen, während der andere sich umdreht und schnellstmöglich zu dem Ball in seinem Rücken sprintet.
- Sollte er dort ankommen, ohne vorher gefangen zu werden, darf er auf eines der Minitore abschließen, um einen Punkt zu holen.
- Sollte er vorher gefangen werden, darf er nicht auf eines der Minitore abschließen.

Variation
- Den Abstand der beiden Spieler anpassen.
- Der Sieger des Duells muss fangen.
- Wenn der Fänger den anderen Spieler fängt, darf er durchlaufen und selbst auf eines der Minitore abschließen.
- Nach mehreren Duellen die Paare durchwechseln.

Trainer-Tipp
- Auf eine angemessene Belastungssteuerung achten, da nicht alle Spieler gleich häufig sprinten werden (Abb. 10.1).

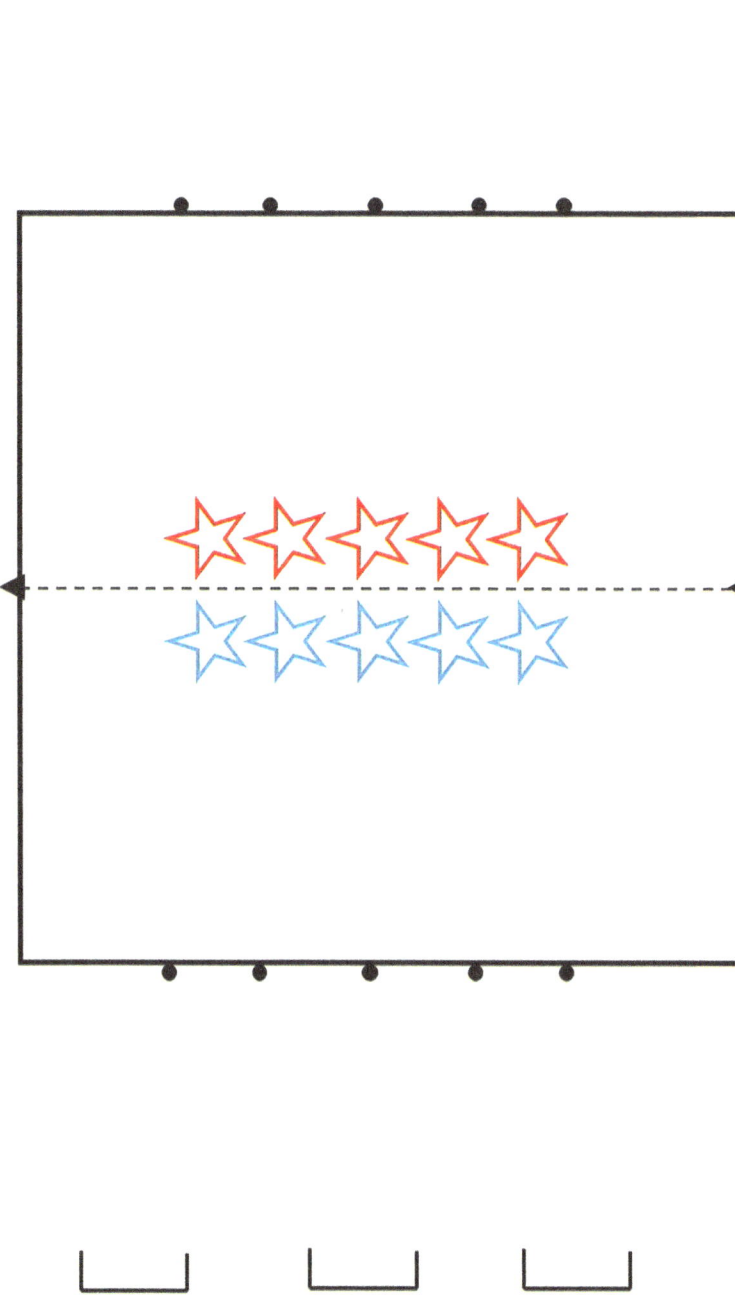

Abb. 10.1 Seoul World Cup Stadium Schnick-Schnack-Schnuck-Wettkampf

10.2   Estádio da Luz Sprintduell (Lissabon)

Organisation
- Zwei Mannschaften stellen sich in einer Reihe hintereinander 2 m voneinander getrennt auf.
- Im Abstand von jeweils 8 m steht ein rotes, ein blaues und ein gelbes Hütchen.
- Der Trainer platziert sich fünf Meter hinter den drei farbigen Hütchen.

Ablauf
- Der Trainer nennt eine Farbe und dann kommt es zum 1 vs. 1 Sprintduell.

Variation
- Die Spieler starten aus unterschiedlichen Startpositionen (rückwärts, Bauchlage, Skippings, usw.)
- Die Spieler sprinten entsprechend mit Ball am Fuß.
- Die Abstände zu den Hütchen variieren.
- Der Trainer nennt Obst und Gemüse oder Fußballvereine, die mit den entsprechenden Farben assoziiert werden.
- Die Hütchenfarben stehen für Zahlen. Der Trainer stellt Rechenaufgaben und es muss zum Ergebnis gesprintet werden.
- Die Hütchenfarben anders besetzen: rot bedeutet blau, blau steht für gelb und gelb für rot.

Trainer-Tipp
- Darauf achten, dass abwechslungsreiche Variationen angeboten werden (Abb. 10.2).

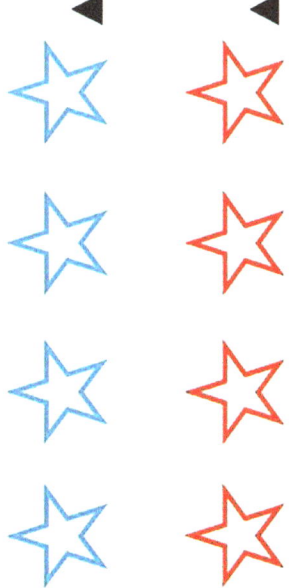

Abb. 10.2 Estádio da Luz Sprintduell

10.3   Fritz-Walter-Stadion Feldwechsel (Kaiserslautern)

Organisation
- Zwei Mannschaften bilden und ein Feld mit 40 m × 20 m und jeweils einer Endzone mit 10 m × 20 m aufbauen.
- Jede Mannschaft befindet sich in einer der beiden Endzonen und jeder Spieler ist in Besitz eines Balles und dribbelt in der Endzone quer durcheinander.

Ablauf
- Auf ein Kommando des Trainers (z. B. Pfiff) tauschen beide Mannschaften schnellstmöglich mit Ball im Tempodribbling die Endzonen.
- Die Mannschaft, bei der jeder Spieler als erstes mit der eigenen Sohle auf dem eigenen Ball in der anderen Endzone steht, holt einen Punkt.
- Beim Feldwechsel dürfen gegnerische Spieler nicht behindert oder angegriffen werden.

Variation
- Die Mannschaft, die als erste komplett über die Endzonen-Linie dribbelt, holt einen Punkt.
- Beim Feldwechsel dürfen gegnerische Spieler angegriffen und deren Bälle geblockt bzw. weggeschossen werden. Diese Spieler müssen dann schnellstmöglich ihren eigenen Ball wiederholen und in die andere Endzone dribbeln, ohne dabei aber andere gegnerische Bälle wegzuschießen.

Trainer-Tipp
- Gut aufpassen, welche Mannschaft den Punkt holt (Abb. 10.3).

Abb. 10.3 Fritz-Walter-Stadion Feldwechsel

Wahrnehmung & Ausdauer

11

© Der/die Autor(en), exklusiv lizenziert an Springer-Verlag GmbH, DE, ein Teil
von Springer Nature 2025
D. Memmert et al., *Kognitives Athletiktraining im Fußball,* Kognitives
Athletiktraining, https://doi.org/10.1007/978-3-662-71275-7_11

11.1   BayArena Ballhalten (Leverkusen)

Organisation

- Zwei Mannschaften spielen in einem 25 m × 25 m großen Feld 5 vs. 5 auf Ball-halten.
- Die Seitenlinien werden dabei nach Farben benannt (gelb, rot, blau, grün) und 10 m hinter diesen Linien noch jeweils ein Minitor platziert.

Ablauf

- Der Trainer gibt nach einer bestimmten Zeit eine Farbe (z. B. rot) vor. Ziel ist es dann, innerhalb von acht Sekunden, dass ein Spieler einer Mannschaft über diese Linie dribbelt, um einen Punkt zu erzielen.

Variation

- Der Trainer gibt mehr als nur eine Farbe vor, um Punkte erzielen zu können.
- Nachdem die Farbe genannt wurde, muss innerhalb von acht Sekunden ein Tor auf das Minitor erzielt werden, dass hinter der entsprechenden Linie steht.
- Die Zeit verkürzen oder verlängern, die der Mannschaft bleibt, einen Punkt bzw. ein Tor zu erzielen.
- Feldgröße auf das Leistungslevel anpassen.

Trainer-Tipp

- Den richtigen Zeitpunkt abwarten, um die entsprechenden Kommandos zu geben (Abb. 11.1).

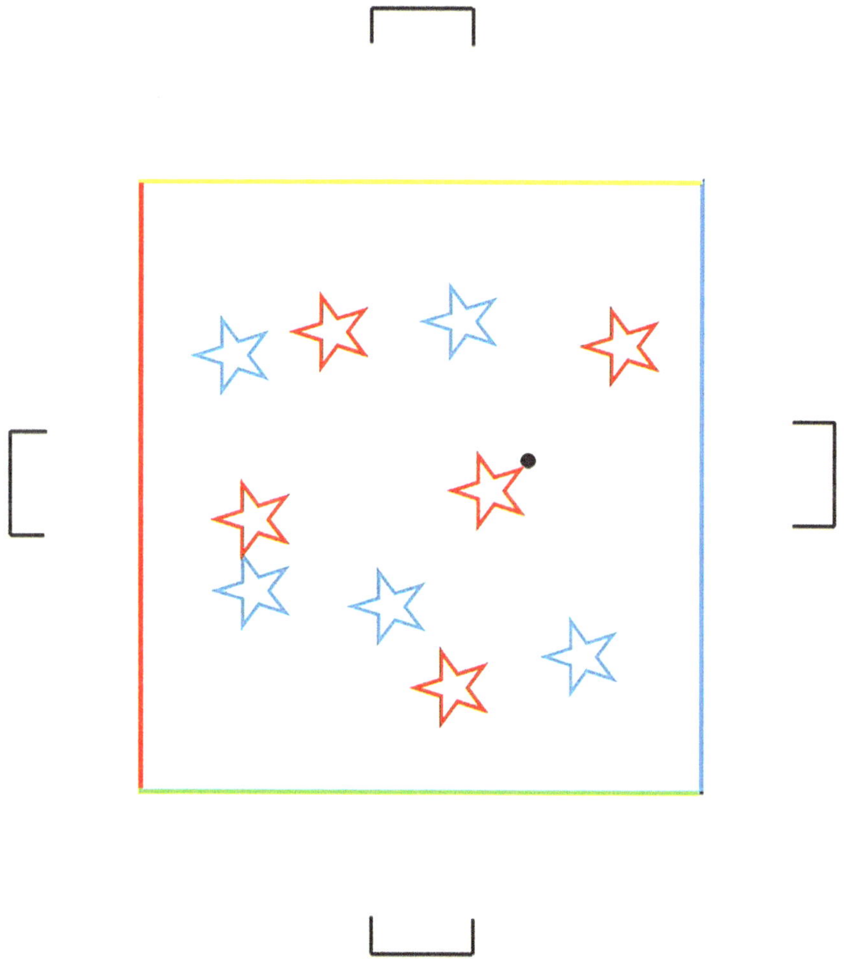

Abb. 11.1 BayArena Ballhalten

11.2   Estadio Monumental Eierlauf (Santiago de Chile)

Organisation
* Vier gleich große Mannschaften (vier bis fünf Spieler) bilden.
* Es werden 16 Hütchen in vier unterschiedlichen Farben, 20 Bälle sowie jeweils ein Leibchen, ebenfalls in vier unterschiedlichen Farben pro Spieler benötigt.

Ablauf
* Auf ein Startkommando des Trainers fangen die Spieler an, möglichst viele „Eier" in ihr gleichfarbiges „Nest" zu „tragen"; es darf jedoch immer nur ein Spieler pro Mannschaft mit jeweils nur einem Ei unterwegs sein.
* Die Eier dürfen sowohl aus der Mitte als auch aus gegnerischen Nestern genommen werden.
* Das Verteidigen der eigenen Eier ist in diesem Fall nicht möglich.
* Die Mannschaft mit den meisten Punkten gewinnt den Wettkampf.
* **Runde 1 (3 min):**
  – Die Eier dürfen nur mit den Händen aufgenommen, getragen und abgelegt werden.
  – Das Werfen der Eier ist nicht erlaubt, weil sie sonst „kaputt gehen" können.
* **Runde 2 (3 min):**
  – Die Eier dürfen nur noch mit den Füßen geführt und gestoppt werden.
  – Das Passen oder Schießen der Eier ist nicht erlaubt.
* **Runde 3 (3 min):**
  – Es kommen nun drei goldene Eier dazu, die fünffach gewertet werden.
  – Die Eier dürfen nun entweder mit den Händen aufgenommen, getragen und abgelegt oder mit den Füßen geführt und gestoppt werden.

Variation
* Das Spielfeld anpassen (vergrößern oder verkleinern).
* Verschiedene Dribbelarten (z. B. nur ein Fuß, nur mit der Sohle, Ball prellen) von außen vorgeben.
* Wenn Spieler A mit einem Ei zurück Richtung eigenes Nest läuft, darf direkt Spieler B loslaufen, um sich ein Ei zu holen.
* Auf ein Startkommando dürfen alle Spieler gleichzeitig loslaufen, um sich Eier zu holen.

Trainer-Tipp
* Sollten nicht genügend Bälle vorhanden sein, können alternativ auch andere Bälle (z. B. Tennisbälle), Leibchen oder Hütchen verwendet werden.
* Die Eier, die sich beim Stoppsignal noch in keinem Nest oder der Hand eines Spielers befinden, fallen aus der Wertung raus.
* Für die „goldenen Eier" entweder Leibchen um die Bälle binden, andersfarbige Bälle benutzen (z. B. andere Ballfarben, andere Ballmuster, andere Ballarten wie Tennisbälle, Handbälle, usw.) oder Hütchen, Pylonen bzw. andere Objekte neben den Fußbällen verwenden (Abb. 11.2).

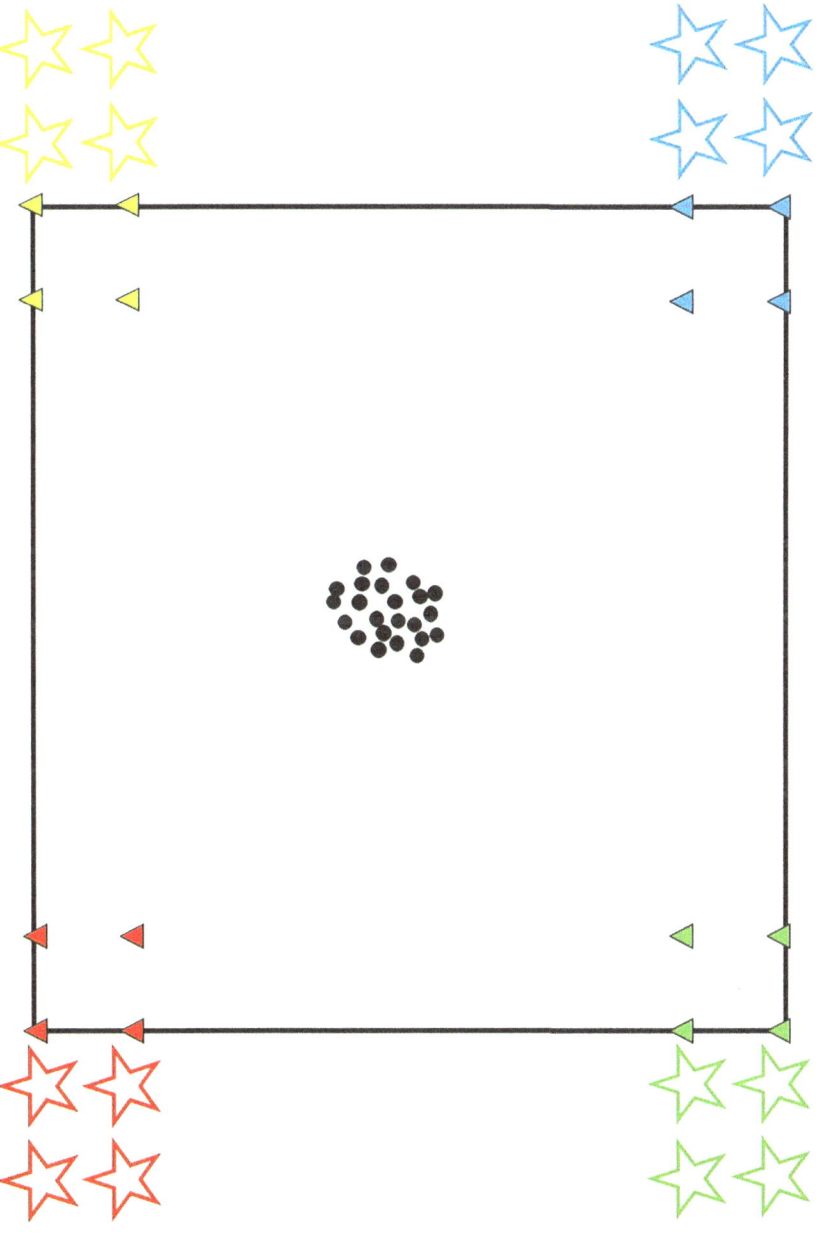

Abb. 11.2 Estadio Monumental Eierlauf

11.3   Kashima Soccer Stadium Konterbälle (Kashima)

Organisation
- Ein Feld (doppelter 16er) mit zwei Toren aufbauen und zwei Mannschaften im 6 vs. 6 einteilen.
- An den Seitenlinien werden jeweils vier Bälle mit gleichmäßigem Abstand platziert.

Ablauf
- Es wird ganz normal 6 vs. 6 auf zwei feste Tore gespielt.
- Wenn ein Ball ins Aus geht, egal ob Seiten- oder Grundlinie, muss der Spieler den Ball wieder holen, der zuletzt am Ball war.
- Währenddessen darf sich die gegnerische Mannschaft irgendeinen Ball von den Seitenlinien holen und sofort weiterspielen. Genau dort muss der Spieler, der seinen Ball holt, auch diesen dann neu platzieren.

Variation
- Die Spieleranzahl und Spielfeldgröße können variiert werden.
- Es kann bspw. auch 3 vs. 3 auf zwei bzw. vier Minitore gespielt werden.
- Der Spieler, der einen Aus-Ball holt, darf nicht durch das Feld laufen, um diesen auf die richtige Position abzulegen.
- Nach einem Aus-Ball darf sich die gegnerische Mannschaft direkt einen Ball von der Seitenlinie holen, aber dieser Aus-Ball muss nicht mehr zurückgebracht werden. Es wird so lange gespielt, bis kein Ball mehr auf der Seitenlinie liegt.

Trainer-Tipp
- Nicht mehr als 3–5 Bälle pro Seitenlinie platzieren (Abb. 11.3).

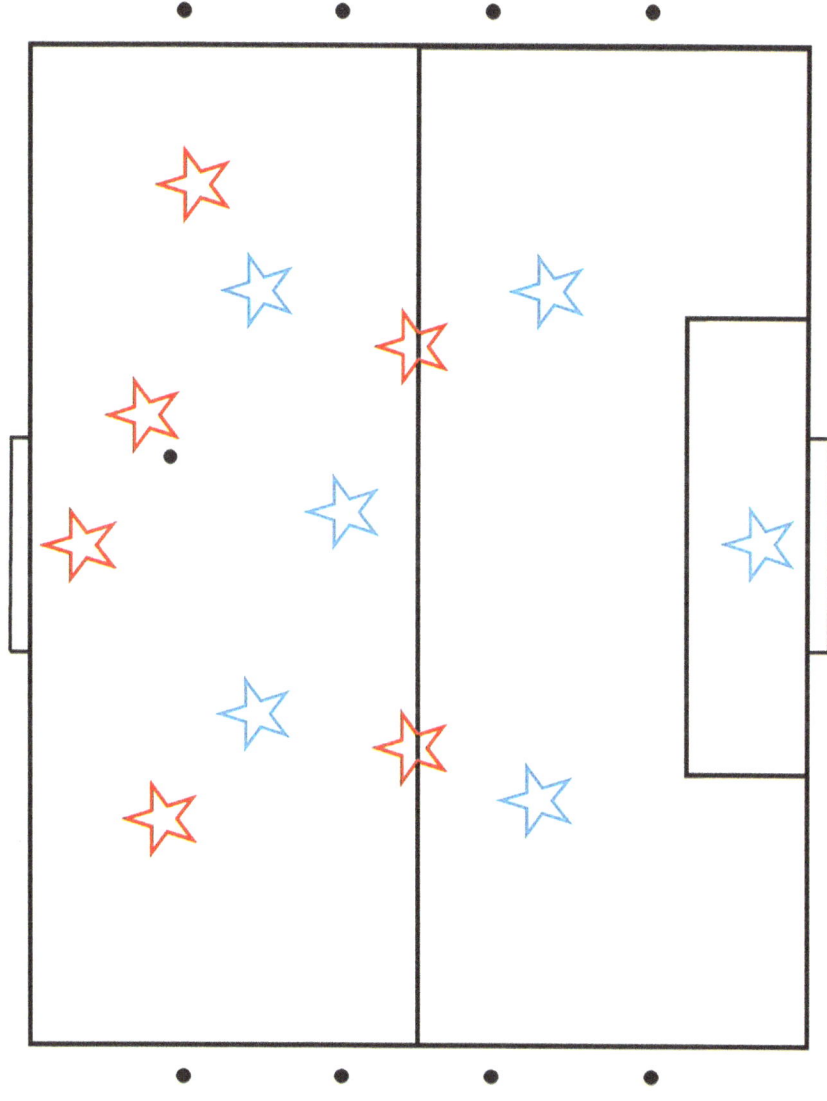

Abb. 11.3 Kashima Soccer Stadium Konterbälle

Wahrnehmung & Koordination

D. Memmert et al., *Kognitives Athletiktraining im Fußball*, Kognitives Athletiktraining, https://doi.org/10.1007/978-3-662-71275-7_12

12.1   La Bombonera Fußball-Boccia (Buenos Aires)

Organisation
- Zwei Spieler mit jeweils einem Ball gehen zusammen.

Ablauf
- Der blaue Spieler schießt seinen Ball so ins Feld, dass er idealerweise nicht über die Aus-Linie geht; ansonsten wäre dies direkt ein Punkt für den roten Spieler.
- Der rote Spieler versucht nun, den Ball vom blauen Spieler abzuschießen.
  - Wenn der rote Spieler den Ball vom blauen Spieler trifft, Punkt für den roten Spieler.
  - Wenn der rote Spieler danebenschießt und der Ball dabei das Feld verlässt, Punkt für den blauen Spieler.
  - Wenn der rote Spieler danebenschießt und der Ball dabei im Feld bleibt, versucht der blaue Spieler von seiner Ballposition aus den Ball des roten Spielers abzuschießen, usw.

Variation
- Die Spieler müssen versuchen, die anderen Bälle abzuschießen, so lange diese noch rollen.
- Wenn der Ball des blauen Spielers liegen bleibt, ohne dass der rote Spieler versucht hat, diesen abzuschießen, bekommt der blaue Spieler einen Punkt.
- Die Paare mit unterschiedlichen Bällen ausstatten und nach jedem Durchgang durchrotieren.

Trainer-Tipp
- Darauf achten, dass die Spielerpaare während der Übungszeit häufiger durchwechseln (Abb. 12.1).

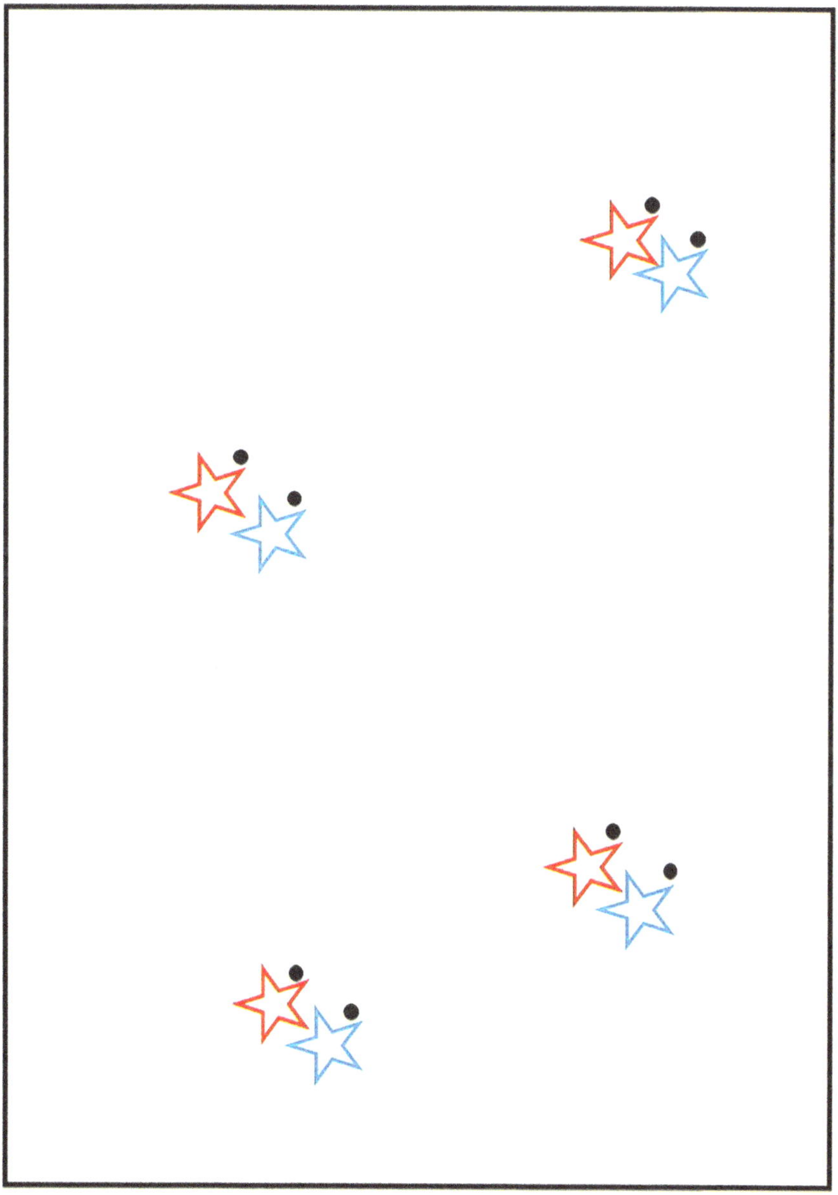

Abb. 12.1 La Bombonera Fußball-Boccia

12.2   Zentralstadion Zwillingsfußball (Leipzig)

Organisation
- Ein Feld (40×30 m) mit zwei Toren und Drittelmarkierungen aufbauen sowie zwei Mannschaften mit jeweils acht Spielern einteilen.

Ablauf
- Die rote Mannschaft verteidigt ein Tor und spielt auf das andere und die blaue Mannschaft exakt umgekehrt.
- Es wird ohne Torwart gespielt und Tore dürfen nur im offensiven Drittel erzielt werden.
- Vor dem Anpfiff sucht sich jeder Spieler einen Partner aus der eigenen Mannschaft und hält mit ihm Händchen, da nur so an diesem Spiel teilgenommen werden kann.
- Sollten sich zwei Partner einmal loslassen, müssen sie erst wieder zusammenfinden, bevor sie weiterspielen dürfen.
- Bei einem Pfiff des Trainers müssen alle die Hände loslassen, sich sofort einen neuen Partner aus der eigenen Mannschaft suchen und dürfen dann direkt händchenhaltend wieder weiterspielen.

Variation
- Nach einer gewissen Zeit einen zweiten oder sogar dritten Ball ins Spiel bringen.

Trainer-Tipp
- Als Trainer sind vor allem die Wechsel spannend, um zu beobachten, wer dann mit wem zusammengeht.
- Bei ungerader Mannschaftsgröße darf ein Spieler allein mitspielen, allerdings mit folgenden Limitationen: immer nur ein Ballkontakt mit dem schwachen Fuß und er darf kein Tor erzielen. Wichtig: Beim Pfiff des Trainers muss dieser Spieler auf jeden Fall sich einen Mitspieler an die Hand holen, um somit dann ohne jegliche Limitationen mitspielen zu können (Abb. 12.2).

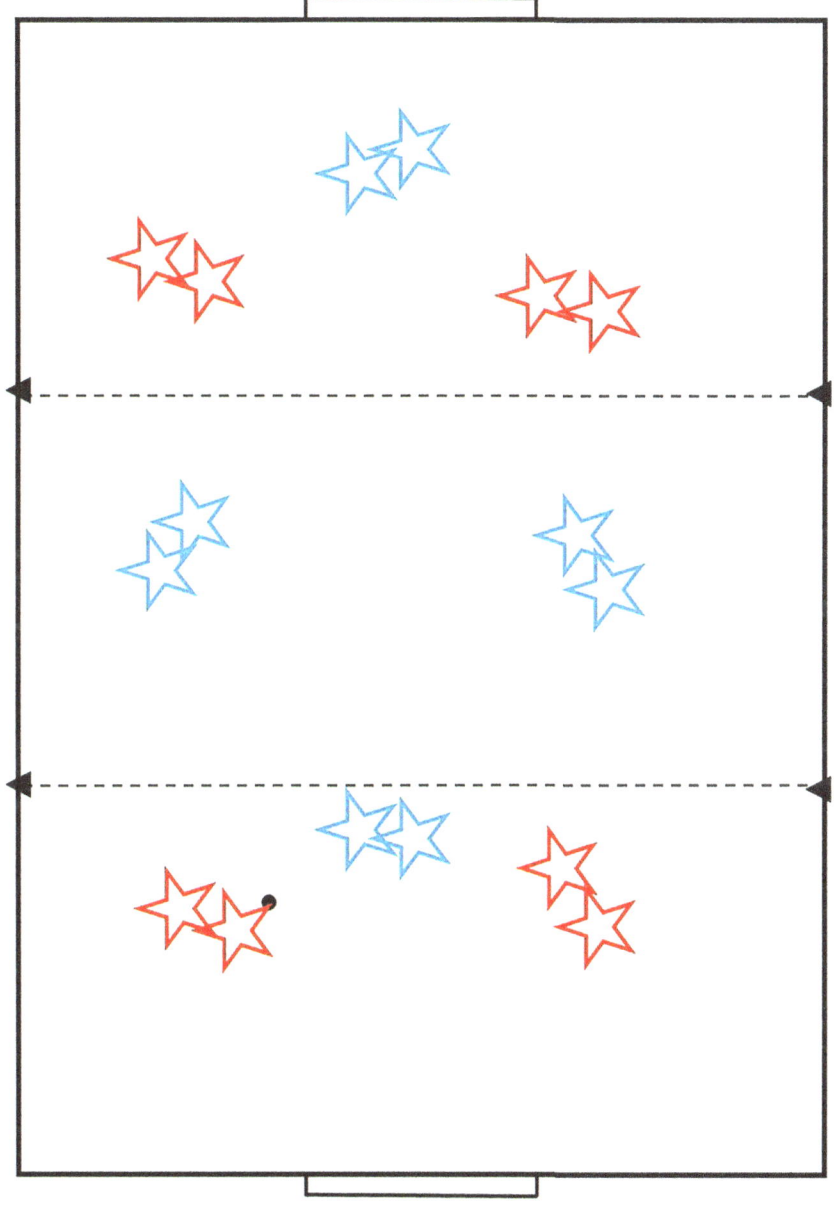

Abb. 12.2   Zentralstadion Zwillingsfußball

12.3   Estadio Metropolitano Koordinationswechsel (Madrid)

Organisation
- Es werden drei gleich große Mannschaften gebildet.
- Dabei benötigt jeder Spieler einen Ball.
- Außerdem werden zehn kleine Hütchen, zehn große Hütchen, fünf Stangen (liegend), fünf Stangen (stehend), fünf Hürden und eine Koordinationsleiter gebraucht.

Ablauf
- Die Spieler der grünen Mannschaft A dribbeln auf die roten Hütchen zu, führen eine beliebige Finte aus, umkurven das gelbe Wendehütchen, zeigen auf dem Rückweg erneut eine Finte und dribbeln anschließend im Feld weiter.
- Die Spieler der blauen Mannschaft dribbeln im Feld mit wechselnden Aufgaben des Trainers (Innenseite, Sohle, abwechselnd rechts links, nur rechts / links).
- Die Spieler der roten Mannschaft durchlaufen in höchstem Tempo die vier aufgebauten Koordinationsstationen; dabei ist die Reihenfolge für jeden Spieler individuell wählbar.
- Wenn die Spieler ins Feld zurückgekehrt sind, werden direkt die Aufgaben getauscht; die Reihenfolge wird vorab durch den Trainer kommuniziert.

Variation
- Die Feldgröße anpassen (verkleinern oder vergrößern).
- Die Dribbelaufgaben und koordinativen Übungen variieren.
- Die Finten, in diesem Fall für die grüne Mannschaft, vorgeben.

Trainer-Tipp
- Auf schnelle Wechsel zwischen den einzelnen Durchgängen achten (Abb. 12.3).

Abb. 12.3 Estadio Metropolitano Koordinationswechsel

Wahrnehmung & Kraft

13

13

13.1   Stade Vélodrome Schiebewettkampf (Marseille)

Organisation

- Ein Feld mit 20 m × 20 m, einer Mittellinie, einer zusätzlichen Markierung jeweils 10 m rechts und links der Mittellinie, entsprechend der Spieleranzahl Bälle auf den jeweiligen Grundlinien sowie mehreren Minitoren weitere 10 m hinter den Grundlinien platzieren.
- Die Spieler stellen sich paarweise von Angesicht zu Angesicht mit der Mittellinie zwischen sich auf und legen die Hände ihrer ausgestreckten Arme auf die Schulter des Gegenübers.

Ablauf

- Auf das Startkommando des Trainers müssen die Spieler versuchen, ihren Gegner über die 10 m entfernte Linie zu schieben.
- Wenn dies gelingt, läuft der Sieger weitere 10 m zu den bereitliegenden Bällen durch, und schließt auf ein Minitor ab.
- Bei einem Treffer erhält dieser Spieler einen weiteren Punkt.

Variation

- Die Minitore farblich markieren, sodass der Verlierer eine Farbe nennen muss, bevor der Sieger auf ein Minitor abschließt. Einen weiteren Punkt würde es dann nur bei einem Treffer in das korrekte Minitor geben.
- Die „Schiebelinie" entsprechend anpassen.

Trainer-Tipp

- Darauf achten, dass sich möglichst körperlich ebenbürtige Gegner gegenüberstehen.
- Nach drei Durchgängen die Paare durchwechseln (Abb. 13.1).

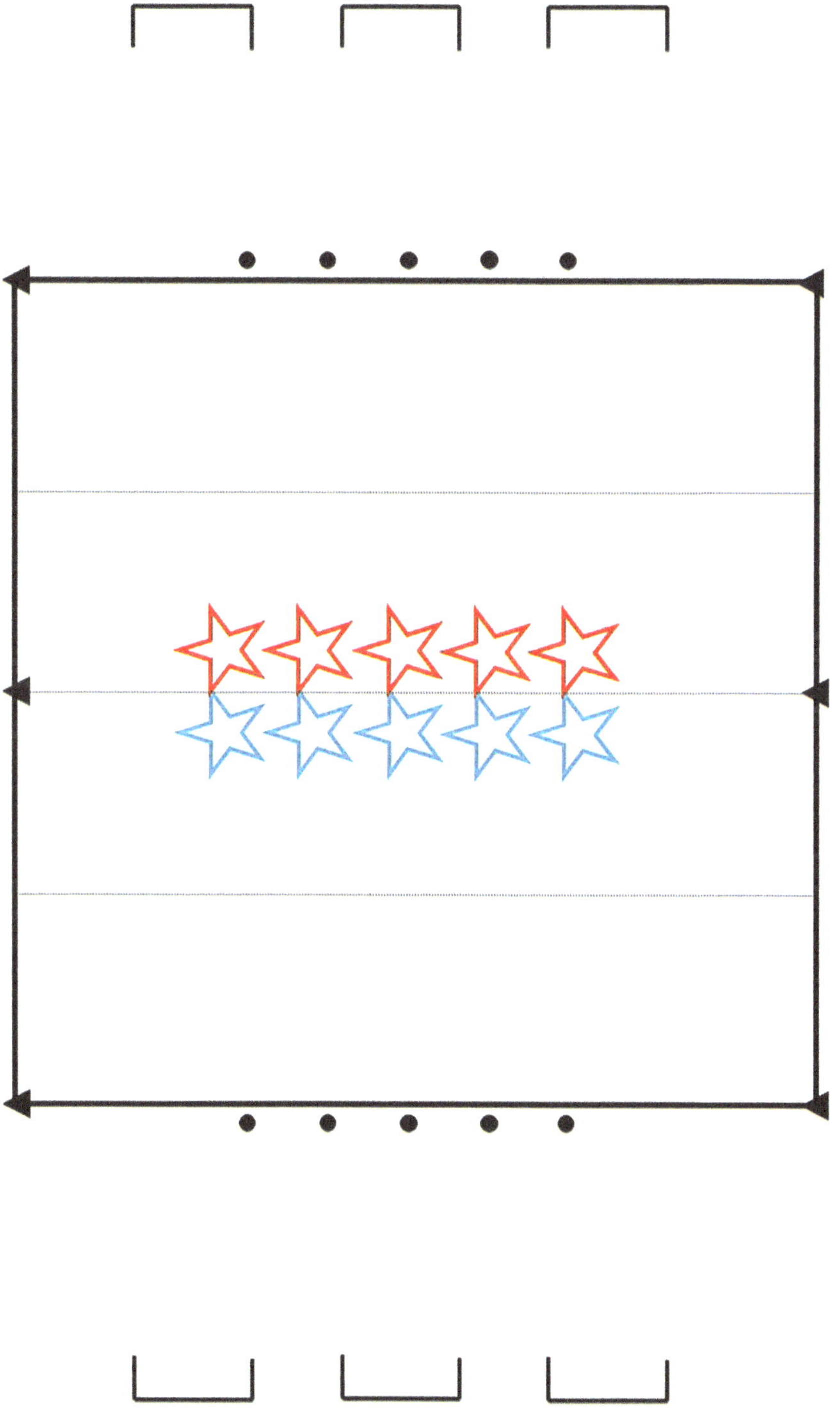

Abb. 13.1   Stade Vélodrome Schiebewettkampf

13.2 Nelson Mandela Bay Stadium Nummern-Wettkampf (Port Elizabeth)

Organisation
- Die Spieler führen einen Sprintwettbewerb mit Stabilisationsübungen gegeneinander durch.
- Es werden zwei grüne, zwei gelbe und für jeden Spieler ein schwarzes Hütchen benötigt.

Ablauf
- Die Spieler durchlaufen insgesamt vier Runden.
- Sie positionieren sich an ihren jeweiligen Hütchen und führen Stabilisationsübungen nacheinander aus.
- In der ersten und dritten Runde werden drei statische Stabilisationsübungen durchgeführt und in der zweiten und vierten Runde drei dynamische.
- Nachdem alle Übungen einer Runde durchgeführt wurden, laufen die Spieler zwei Bahnen aus und beginnen die nächste Runde.
- Während den Übungen kann jederzeit das Startkommando „Zahl + Farbe" des Trainers erfolgen, woraufhin die Spieler an der genannten Position (z. B. 3 oder 5) einen Sprint zur genannten Farbe (grün oder gelb) ausführen sollen.

Variation
- Die Entfernung zu den blauen und roten Endhütchen anpassen.
- Die Belastungsnormative in den einzelnen Übungen variieren.

Trainer-Tipp
- Als Anreiz zählen der Trainer und die Spieler mit, wie viele Sprints pro Mannschaft gewonnen wurden (Abb. 13.2).

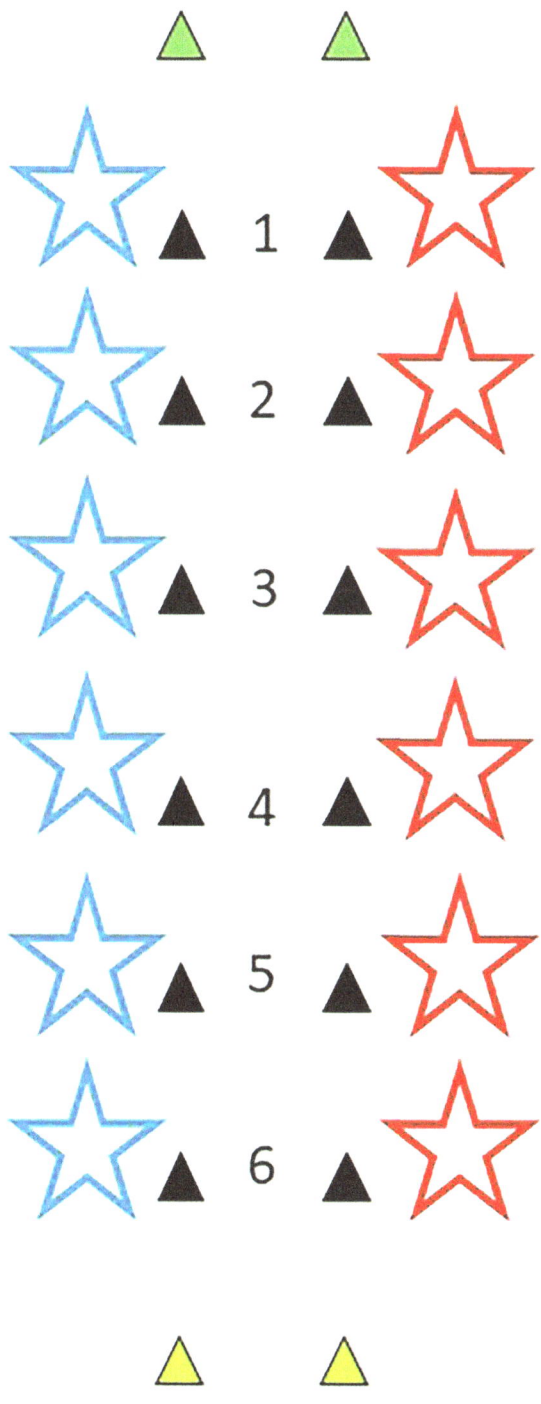

Abb. 13.2 Nelson Mandela Bay Stadium Nummern-Wettkampf

Aufmerksamkeit & Schnelligkeit

14

14.1   Olympiastadion Tic Tac Toe (Berlin)

Organisation
* Vier Mannschaften mit jeweils fünf Spieler bilden und zwei identische Felder aufbauen.
* Ein Starthütchen markieren, das sich jeweils zwischen zwei Mannschaften befindet.
* In 10 m Entfernung zum Starthütchen neun Reifen (3×3) auslegen.
* 2 m hinter diesen Reifen befinden sich zwei weitere Reifen.
* Die ersten drei Spieler jeder Mannschaft haben jeweils ein gleichfarbiges Leibchen in ihren Händen und der erste Spieler hat noch einen Ball am Fuß.

Ablauf
* Das Ziel des Wettkampfes ist es, drei Leibchen entweder vertikal, diagonal oder horizontal vor dem gegnerischen Team in den neun Reifen zu legen.
* Auf ein Startkommando dribbeln die ersten Spieler mit Ball am Fuß los, laufen schnellstmöglich an den neun Reifen vorbei, legen ihren Ball (gestoppt mit der Sohle) in ihrem Mannschafts-Reifen ab, platzieren ihr Leibchen in einen der neun Reifen und laufen ohne Ball zu ihrer Mannschaft zurück und schlagen den nächsten Spieler ab.
* Dieser läuft direkt zu den neun Reifen los, platziert sein Leibchen in einen freien Reifen, läuft anschließend zu seinem im Reifen liegenden Mannschafts-Ball, dribbelt schnellstmöglich an den neun Reifen vorbei und übergibt den Ball dem nächsten Spieler.
* Der dritte Spieler dribbelt dann wieder mit Ball am Fuß los, läuft schnellstmöglich an den neun Reifen vorbei, legt seinen Ball (gestoppt mit der Sohle) in dem Mannschafts-Reifen ab, platziert sein Leibchen in einen freien Reifen und läuft ohne Ball zu seiner Mannschaft zurück und schlägt den nächsten Spieler ab.
* Sollte zu diesem Zeitpunkt noch kein Sieger feststehen, läuft Spieler vier ohne Leibchen in der Hand direkt zu den neun Reifen los, darf ein Leibchen seiner Mannschaft hochnehmen und in einen anderen freien Reifen legen, läuft danach zu seinem im Reifen liegenden Mannschafts-Ball, dribbelt schnellstmöglich an den neun Reifen vorbei und übergibt den Ball dem nächsten Spieler, usw.

Variation
* Die Spieler dribbeln sowohl auf dem Hin- als auch auf dem Rückweg mit Ball am Fuß.
* Die Mannschafts-Reifen anderswo platzieren (z. B. neben oder vor den neun Reifen)
* Anstelle von neun Reifen insgesamt 16 Reifen auslegen (4×4) und Vier gewinnt spielen.
* Die Distanz zu den Reifen und den Abstand zwischen den Reifen variieren.

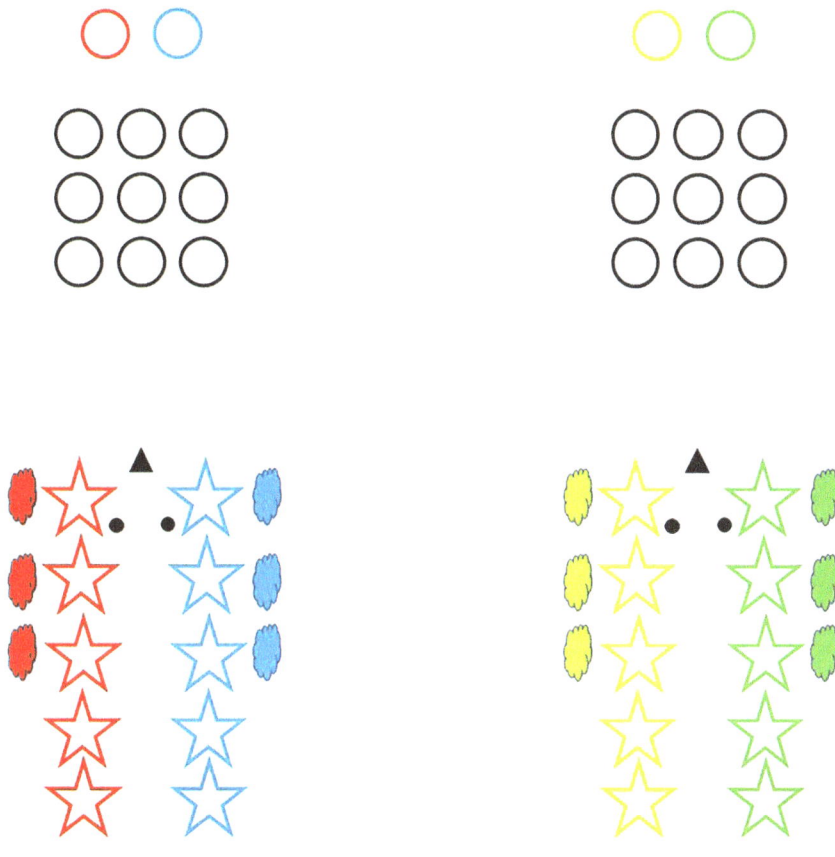

Abb. 14.1   Olympiastadion Tic Tac Toe

Trainer-Tipp

- Darauf achten, dass beim Umlegen der Leibchen jeder Spieler lediglich drei Sekunden lang Zeit hat. Ansonsten muss er unverrichteter Dinge wieder zur Mannschaft zurück.
- Aufpassen, welches Leibchen als erstes im Reifen lag, wenn zwei Spieler denselben Reifen anvisieren (Abb. 14.1).

14.2   Stade de Suisse Sprintwettkampf (Bern – Stadion Wankdorf)

Organisation
- Die Spieler führen gegeneinander einen Sprintwettbewerb in einem begrenzten Feld (15 × 15 m) durch.

Ablauf
- Die Spieler positionieren sich an ihren jeweiligen Hütchen und führen dort Skippings aus.
- Auf den Ausruf einer Zahlenkombination des Trainers bspw. „2 & 6" sprinten Spieler an der genannten Position der jeweiligen Mannschaft um ein beliebiges äußeres schwarzes Hütchen und anschließend durch das weiße zentrale Hütchentor.
- Die Mannschaft, die zuerst durch das Hütchentor gelaufen ist, gewinnt und sammelt einen Punkt; es zählt der letzte Spieler der jeweiligen Mannschaft.
- Sobald die Spieler durch die Tore sind, gibt der Trainer ein neues Kommando.

Variation
- Die Übung kann auch mit Ball am Fuß absolviert werden.

Trainer-Tipp
- Nach drei Durchgängen laufen die Spieler zwei Bahnen locker aus (aktive Erholung), stellen sich an einem anderen Hütchen auf und wiederholen die Wettkampfform noch zwei Mal (insgesamt neun Durchgänge) (Abb. 14.2).

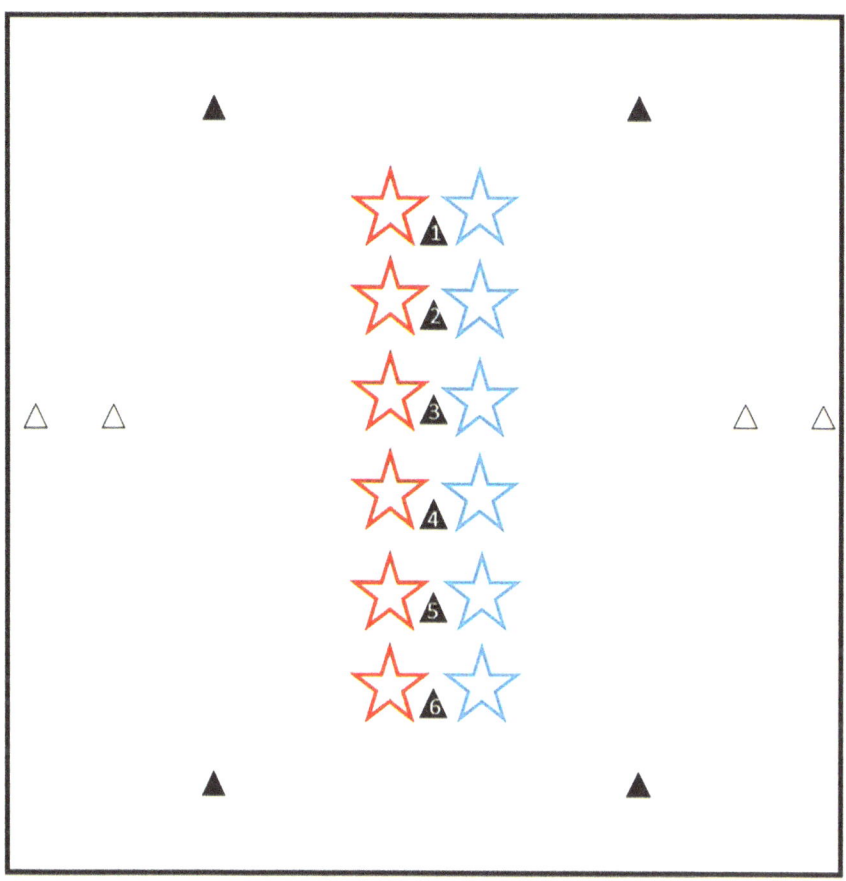

Abb. 14.2 Stade de Suisse Sprintwettkampf

14.3   Celtic Park Vier-Ecken-Sprint (Glasgow)

Organisation
- Zwei Spieler stehen in der Mitte eines Spielfeldes neben einem Ball mit zwei Minitoren auf den Grundlinien sowie jeweils einem Hütchenviereck mit vier unterschiedlich farbigen Ecken (gelb, rot, blau, grün).

Ablauf
- Nachdem der Trainer eine Farbkombination (z. B. blau, gelb, grün) genannt hat, laufen beide Spieler die entsprechenden farbigen Ecken schnellstmöglich ab, zurück zum Ball und versuchen dann im 1 vs. 1 ein Tor auf die Minitore zu erzielen.

Variation
- Die Spieler dürfen auf beide Tore angreifen und Tore erzielen.
- Die Spieler müssen die Farbkombination mit Ball am Fuß durchdribbeln.
- Jugendtore- bzw. Erwachsenentore mit einem Torwart nutzen.

Trainer-Tipp
- Darauf achten, dass die Spieler auch wirklich um die Hütchen laufen (Abb. 14.3).

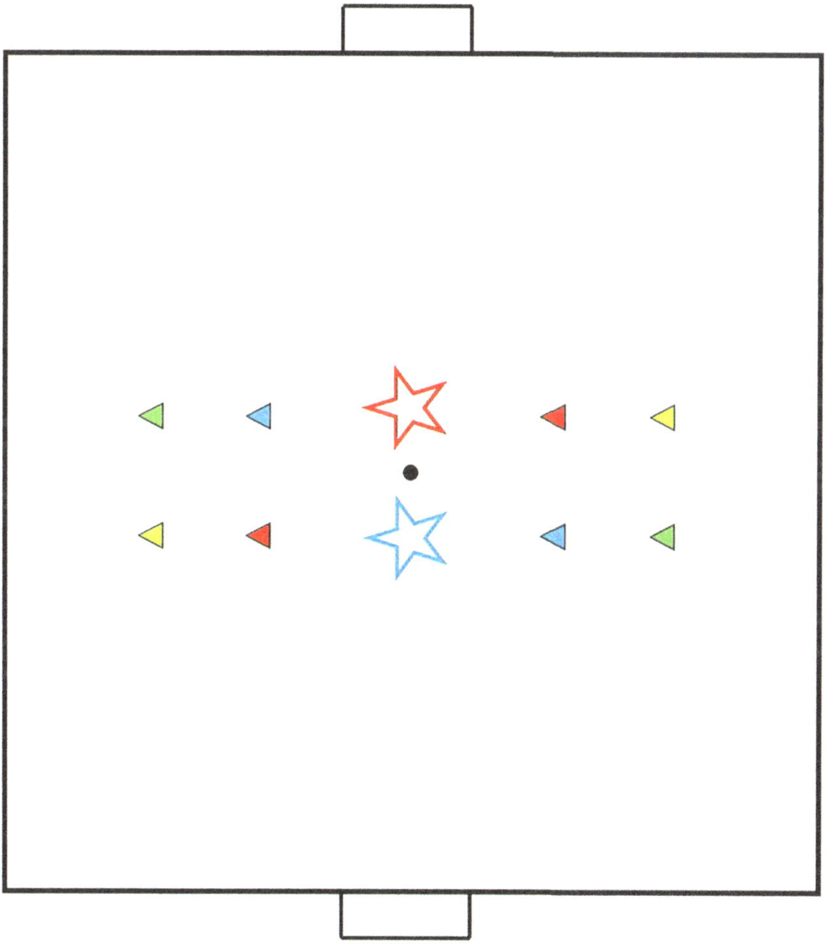

Abb. 14.3 Celtic Park Vier-Ecken-Sprint

Aufmerksamkeit & Ausdauer

15

15.1   Ibrox Stadium Drei-Farben-Spiel (Glasgow)

Organisation
- Ein Feld (doppelter 16er) mit Hütchen markieren und zwei Tore aufbauen.
- Drei Mannschaften mit jeweils sechs Spielern bilden und zwei feste Torhüter einteilen.

Ablauf
- Die rote und grüne Mannschaft spielen gemeinsam auf Ballhalten gegen die blaue Mannschaft.
- Erobert die blaue Mannschaft von der roten Mannschaft den Ball, spielen automatisch die blaue und grüne Mannschaft auf Ballhalten gegen die rote Mannschaft.
- Sollte ein Spieler von der grünen Mannschaft den Ball ins Aus spielen, geht es mit der blauen und roten Mannschaft auf Ballhalten weiter.
- Die Torhüter dürfen dabei (nicht) in das Spiel mit eingebunden werden.

Variation
- Nach erfolgreichen zehn Pässen dürfen die beiden Mannschaften, die auf Ballhalten spielen, versuchen, ein Tor auf eines der beiden Tore zu erzielen.
- Eine Mannschaft bestimmen, die für die nächsten zwei Minuten versuchen muss, ständig von neuem den Ball zu erobern. Wie oft gelingt dies der Mannschaft? (Wettkampf der drei Mannschaften untereinander)
- Eine Mannschaft bestimmen, die für die nächsten zwei Minuten versuchen muss, ständig von neuem den Ball zu erobern. Nach einer Balleroberung darf diese Mannschaft sofort versuchen, ein Tor auf eines der beiden Tore zu erzielen. (Wettkampf der drei Mannschaften untereinander)

Trainer-Tipp
- Darauf achten, dass ständig ein Ball im Spiel ist (Balldepot anlegen) (Abb. 15.1).

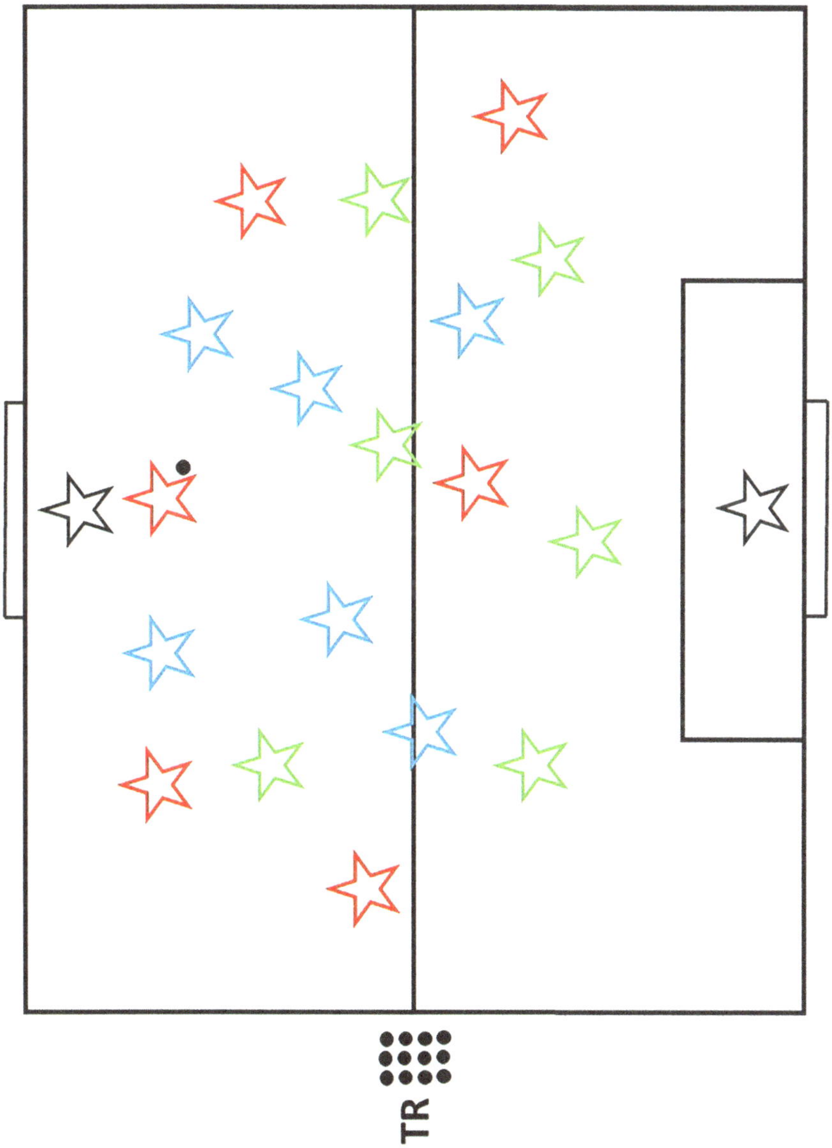

Abb. 15.1 Ibrox Stadium Drei-Farben-Spiel

15.2   Estadio Azteca Pässe sammeln (Mexiko City)

Organisation
- Zwei gleich große Mannschaften bilden.
- Jeweils die Hälfte der roten und der blauen Mannschaft besetzen mit einem Ball pro Spieler die Außenpositionen.
- Die andere Hälfte der jeweiligen Mannschaft startet ohne Ball im Spielfeld (20×20 m).

Ablauf
- Das Ziel besteht darin, möglichst viele Pässe mit den Außenspielern des eigenen Teams zu spielen.
- Nach jedem Pass muss der Außenspieler einmal kurz das mittlere Feld betreten, bevor er den nächsten Pass spielen darf.
- Dieselbe Außenposition darf nicht zweimal von dem gleichen Spieler in der Mitte hintereinander angespielt werden.
- Jeder Spieler in der Mitte zählt seine Pässe und am Ende wird die Siegermannschaft ermittelt.

Variation
- Die Feldgröße anpassen.
- Die Außenspieler müssen den Ball entweder direkt klatschen lassen oder mit zwei Kontakten spielen.
- Die Außenspieler bewegen sich frei um das Feld.

Trainer-Tipp
- Auf Beidfüßigkeit der Spieler achten.
- Die Kommunikation der Spieler explizit einfordern, wenn zu viele Fehlpässe nach außen gespielt werden (Abb. 15.2).

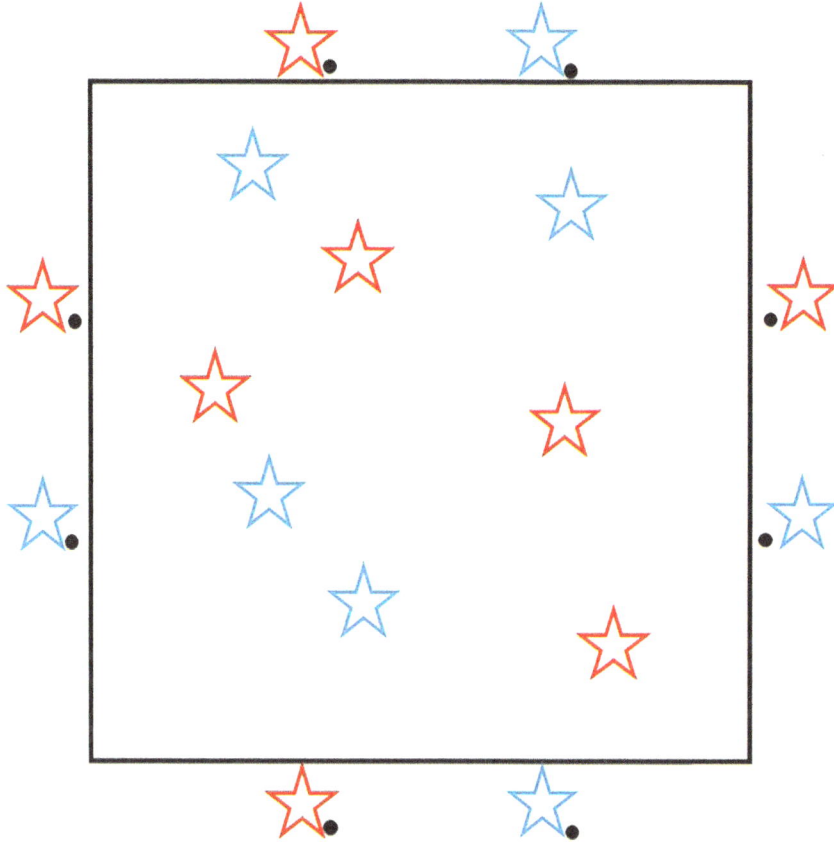

Abb. 15.2 Estadio Azteca Pässe sammeln

15.3   Borussia-Park Biathlon-Staffel (Mönchengladbach)

Organisation
- Vier gleich große Mannschaften bilden und im Wettkampf (Rundparcours) gegeneinander antreten lassen.
- Nach jeder Runde schießen sie dabei auf Ziele, in diesem Fall auf Minitore.

Ablauf
- Die ersten Spieler jeder Mannschaft starten und laufen die Runde der vier schwarzen Hütchen ab.
- Anschließend läuft jeder Spieler zum Schießstand seiner Mannschaft.
- In 10 m Entfernung steht ein Minitor für jedes Team, in das die drei Bälle reingeschossen werden müssen.
- Trifft der Spieler alle drei Bälle, darf er zum Start laufen und den nächsten Spieler abklatschen.
- Pro Fehlschuss muss der Spieler eine Strafrunde (weiß) laufen und darf erst dann wieder zum Start zurückkehren.
- Jeder Spieler absolviert fünf Runden.
- Die Mannschaft, die zuerst die Runden absolviert hat, gewinnt den Wettkampf.
- Jede Mannschaft ist dafür selbst verantwortlich, dass jeweils immer die entsprechenden drei Bälle am Schießstand parat liegen.

Variation
- Die Entfernung zum Tor variieren.
- Anzahl der Runden pro Spieler anpassen.
- Pylonen abschießen anstelle in die Minitore passen.
- Die (Straf-)Rundendistanz vergrößern oder verkleinern, je nach Bedarf.

Trainer-Tipp
- Den Teamgedanken in diesem Wettkampf fördern und die wartenden Spieler aktiv einbinden (Abb. 15.3).

Abb. 15.3 Borussia-Park Biathlon-Staffel

Aufmerksamkeit & Koordination

16

© Der/die Autor(en), exklusiv lizenziert an Springer-Verlag GmbH, DE, ein Teil
von Springer Nature 2025
D. Memmert et al., *Kognitives Athletiktraining im Fußball,* Kognitives
Athletiktraining, https://doi.org/10.1007/978-3-662-71275-7_16

16.1   Parkstadion Paarübung (Gelsenkirchen)

Organisation
- Zwei Spieler gehen mit einem Ball und einem Tennisball pro Paar zusammen.

Ablauf
- Die Spieler passen sich den Ball mit zwei Kontakten zu, wobei der Tennisball ebenfalls parallel dazu hin und her geworfen wird.

Variation
- Unterschiedliche Varianten des Passens mit dem Ball bzw. Tennisball durchführen.
- Abstand der Hütchen variieren.
- Die Übung mit zwei Fußbällen und einem Tennisball bzw. mit einem Fußball und zwei Tennisbällen ausführen.

Trainer-Tipp
- Darauf achten, dass die Spieler einen gemeinsamen Rhythmus finden (Abb. 16.1).

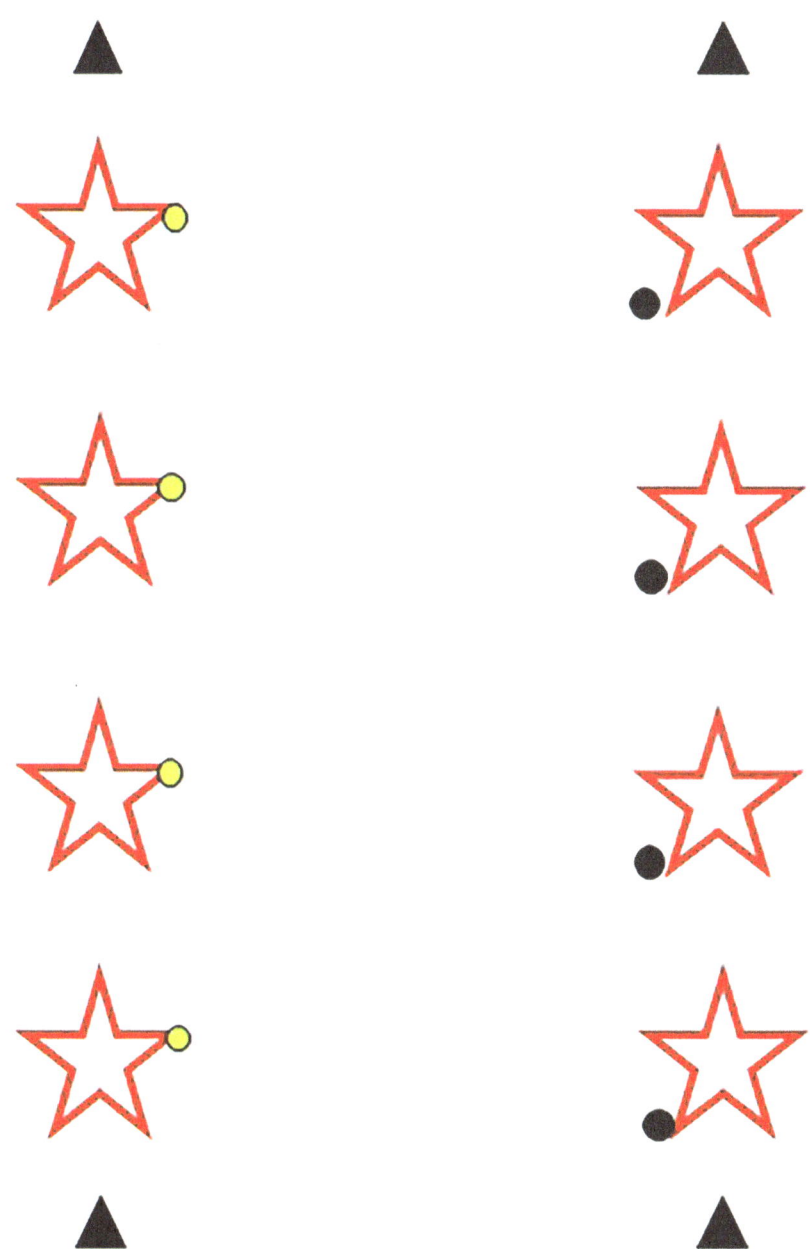

Abb. 16.1 Parkstadion Paarübung

16.2   Johan-Cruyff-Arena Jonglieren (Amsterdam)

Organisation I
- Jeder Spieler mit Ball frei im Feld mit genügend Abstand zu seinen Mitspielern verteilen.

Ablauf I
- Trainer gibt vor, wie der Ball jongliert werden soll.

Variation I
- Freies Jonglieren.
- Abwechselnd links rechts jonglieren.
- Abwechselnd zwei Kontakte links, ein Kontakt rechts bzw. umgekehrt jonglieren.
- Einen Kontakt links, zwei Kontakte rechts, drei Kontakte links, vier Kontakte rechts, fünf Kontakte links, usw. Wer kommt am höchsten?
- Alle Variationen in der Bewegung durchführen.

Organisation II
- Zwei Spieler mit einem Ball in Gassenform mit genügend Abstand zu den anderen Paaren verteilen.

Ablauf I
- Trainer gibt vor, wie der Ball hin und her jongliert werden soll.

Variation I
- Freies Jonglieren.
- Bestimmte Körperteile oder rechts oder links vorgeben.
- Nach dem Pass zu Spieler B gibt Spieler A laut die Anzahl der Kontakte für Spieler B mit, z. B. fünf. Somit muss Spieler B den Ball mit vier Kontakten jonglieren und der fünfte Kontakt ist dann wiederum der Pass zu Spieler A mit einer lauten Ansage für Spieler A.
- Während der Übungsausführung ein Auge schließen. Nach einer Minute das Auge einmal wechseln.
- Schafft ein Pärchen den folgenden Ablauf, ohne dass der Ball auf den Boden geht: Spieler A (jeweils immer ein Kontakt): linker Fuß, linker Oberschenkel, Kopf, rechter Oberschenkel und mit dem rechten Fuß wird dann der Ball zu Spieler B gepasst, der den gleichen Ablauf durchlaufen muss.

Trainer-Tipp
- Binnendifferenziert auf einzelne Spieler eingehen, um eine Übung zu erleichtern, aber auch um möglicherweise eine Übung herausfordernder zu gestalten (Abb. 16.2).

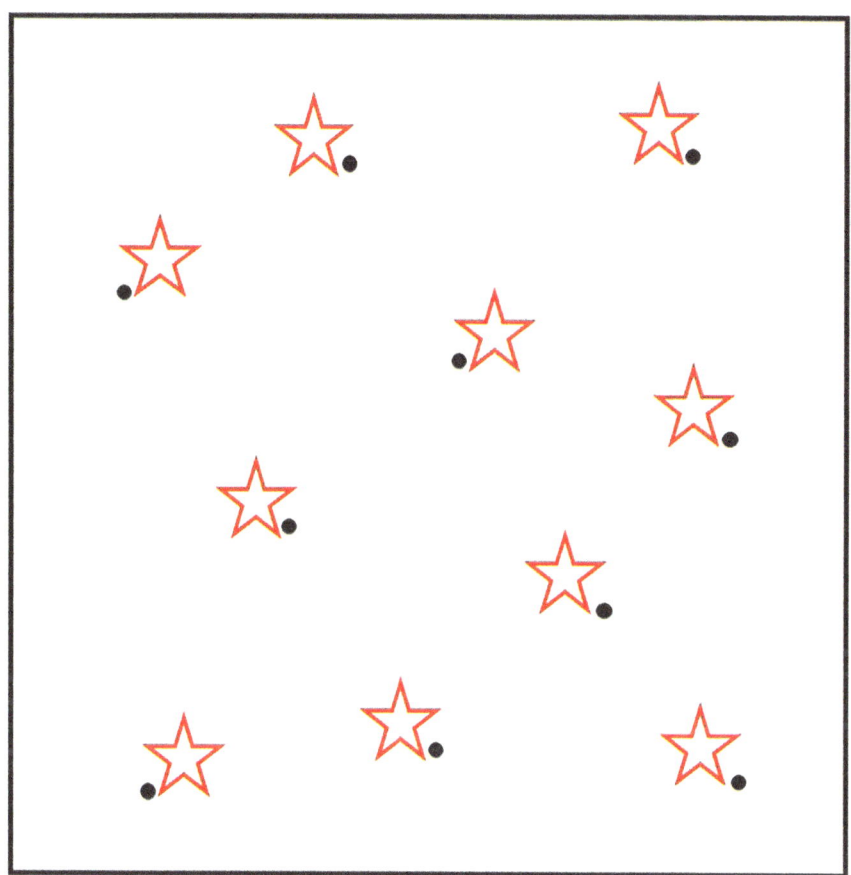

Abb. 16.2 Johan-Cruyff-Arena Jonglieren

16.3 Estádio do Dragão Dribbelwettkampf (Porto)

Organisation
- Die Spieler durchlaufen in Wettkampfform einen Parcours mit anschließendem Torabschluss in einem entsprechenden Spielfeld (20×20 m).

Ablauf
- Es treten immer zwei Spieler gleichzeitig gegeneinander an.
- Die vordersten Spieler an den beiden Stationen starten auf ein Trainerkommando und gehen mit dem Ball am Fuß ins Dribbling.
- Kurz bevor der erste Spieler die Hütchenlinien erreicht, folgt eine Farbreihenfolge vom Trainer, bspw. „rot, gelb, blau", die es zu absolvieren gilt.
- Liegt das Hütchen der genannten Farbe außen, wird es jeweils von außen umlaufen und liegt das Hütchen mittig, kann es rechts oder links umdribbelt werden.
- Nachdem die Spieler die Farblinien durchquert haben, suchen sie den Torabschluss auf das Minitor auf Höhe der Schusslinie.
- Einen Punkt hat der Spieler erzielt, der als einziger Spieler oder als erster Spieler das Tor erzielt hat.
- Die Punkte der Mannschaft werden abschließend addiert.
- Nach zwei Runden bzw. einem Durchlauf kann der Wettkampf wiederholt werden, wobei dann die Spieler die Seiten tauschen sollten, damit sie eine neue Farbkombination vor sich haben.

Variation
- Die Spieler beginnen zunächst ohne Ball am Fuß, wobei dann am Ende des Parcours ein Ball bereitliegt, um einen Pass ins Tor zu spielen.
- Entfernung zum Tor und Abstände der Hütchen variieren.
- Die Farben können auch durch Vereine, Obst und Gemüse, usw. ersetzt werden, bspw. rot=FC Bayern, gelb=BVB 09, blau=FC Schalke 04.

Trainer-Tipp
- Darauf achten, dass der Zeitpunkt des Kommandos variiert wird; je später das Kommando hinsichtlich der Farben erfolgt, desto schneller müssen die Spieler auf das Kommando reagieren (Abb. 16.3).

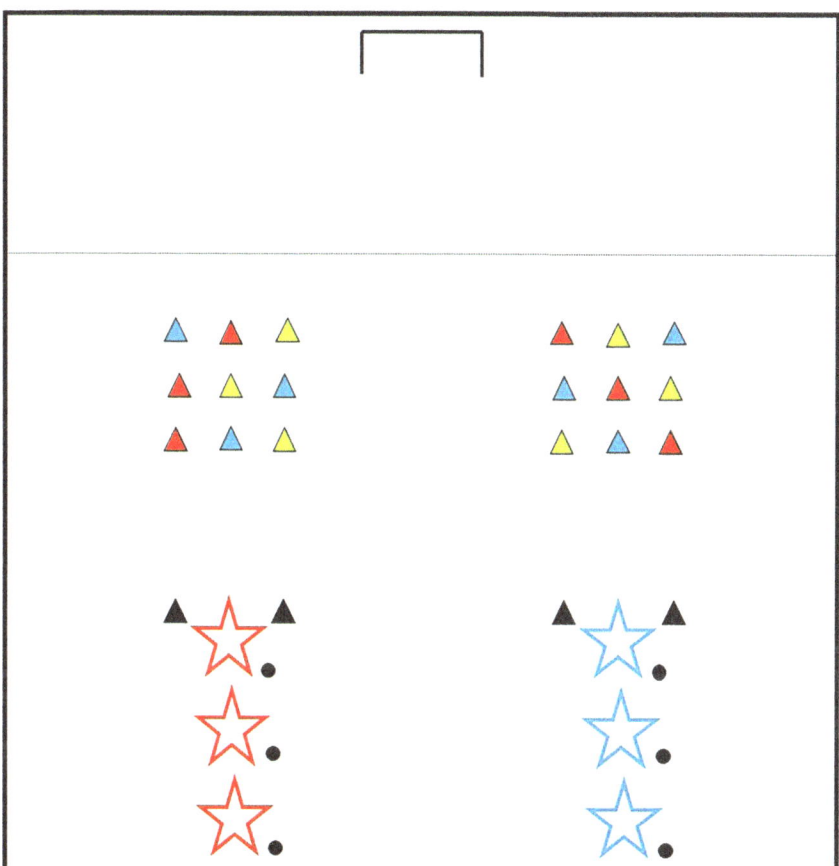

Abb. 16.3 Estádio do Dragão Dribbelwettkampf

Aufmerksamkeit & Kraft

17

17.1   Töölön Pallokenttä Tic Tac Toe (Helsinki)

Organisation
- Vier Mannschaften mit jeweils fünf Spieler bilden und zwei identische Felder aufbauen.
- Ein Starthütchen markieren, das sich jeweils zwischen zwei Mannschaften befindet.
- In 10 m Entfernung zum Starthütchen neun Reifen (3×3) auslegen.
- Die ersten drei Spieler jeder Mannschaft haben jeweils ein gleichfarbiges Leibchen in ihren Händen.
- Bei mehreren Teams ist ein Wettkampf ‚Jeder gegen Jeden' möglich.

Ablauf
- Das Ziel des Wettkampfes ist es, drei Leibchen entweder vertikal, diagonal oder horizontal vor dem gegnerischen Team in den neun Reifen zu legen.
- Auf ein Startkommando bewegen sich die ersten Spieler in der entsprechenden Bewegungsaufgabe zu den Reifen, platzieren ihr Leibchen in einen der neun Reifen, laufen zu ihrer Mannschaft zurück und schlagen den nächsten Spieler ab.
- Wenn alle drei Leibchen pro Mannschaft im Feld liegen und noch kein Sieger ermittelt wurde, dürfen die Spieler pro Durchgang ein Leibchen umlegen.

Variation
- Bewegungsaufgabe Runde 1: Beidbeiniger Absprung
- Bewegungsaufgabe Runde 2: Vierfüßler Lauf
- Bewegungsaufgabe Runde 3: Einbeinige Sprünge (abwechselnd rechts & links)
- Die Spieler führen sowohl auf dem Hin- als auch auf dem Rückweg die Bewegungsaufgabe aus.
- Anstelle von neun Reifen insgesamt 16 Reifen auslegen (4×4) und Vier gewinnt spielen.
- Die Distanz zu den Reifen und den Abstand zwischen den Reifen variieren.

Trainer-Tipp
- Auf saubere Ausführung der Bewegungsaufgaben achten, damit die Bewegungsqualität nicht unter dem Bewegungstempo leidet.
- Darauf achten, dass beim Umlegen der Leibchen jeder Spieler lediglich drei Sekunden lang Zeit hat. Ansonsten muss er unverrichteter Dinge wieder zur Mannschaft zurück.
- Aufpassen, welches Leibchen als erstes im Reifen lag, wenn zwei Spieler denselben Reifen anvisieren (Abb. 17.1).

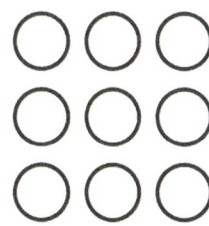

Abb. 17.1 Töölön Pallokenttä Tic Tac Toe

17.2 Goodison Park Schwarz-Weiß-Fangspiel (Liverpool – FC Everton)

Organisation
- Die Spieler stehen mit einem Abstand von 2 m mit dem Rücken zueinander.

Ablauf
- Die Spieler führen Sprintduelle im 1 vs. 1 mit Farbkommandos (schwarz oder weiß) durch den Trainer aus.
- Die Startposition der Spieler kann dabei frei gewählt oder vom Trainer vorgegeben werden, bspw. schnelle Skippings, usw.
- Bei „Schwarz" müssen jeweils die Spieler, die der schwarzen Hütchenlinie näher zugewandt sind, versuchen, über die entsprechende Linie zu sprinten, ohne dabei von den Gegenspielern gefangen zu werden.

Variation
- Den Abstand zwischen den Spielern anpassen.
- Zusätzliches Kommando mithilfe von Zahlen: gerade Zahlen = weiß, ungerade Zahlen = schwarz.

Trainer-Tipp
- Das Farbkommando kann in eine Geschichte eingebaut werden, was die selektive Aufmerksamkeit der Spieler zusätzlich steigert (Abb. 17.2).

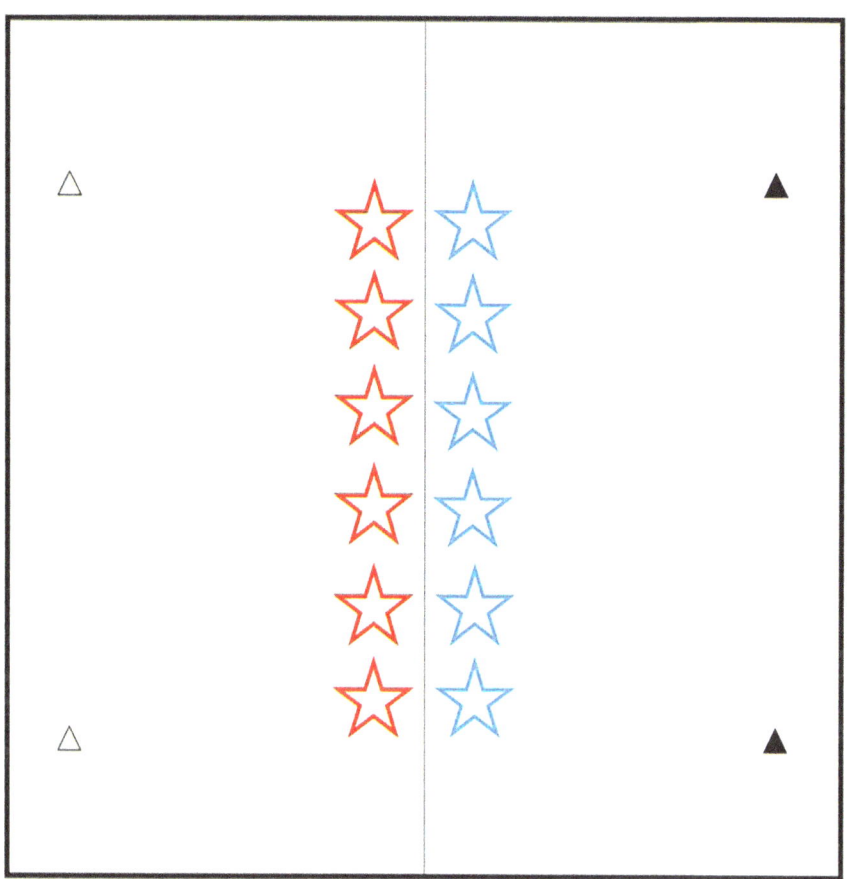

Abb. 17.2 Goodison Park Schwarz-Weiß-Fangspiel

Kreativität & Schnelligkeit

18

D. Memmert et al., *Kognitives Athletiktraining im Fußball*, Kognitives
Athletiktraining, https://doi.org/10.1007/978-3-662-71275-7_18

18.1   Volksparkstadion Einwechselspiel (Hamburg)

Organisation
- Ein Feld (doppelter 16er) mit zwei Toren aufbauen und zwei Mannschaften einteilen.
- Die Tore mit entsprechenden Torhütern besetzen und die Spieler sollen sich nebeneinander neben dem Pfosten des eigenen Tores aufstellen.
- Der Trainer steht mit einem Balldepot auf Höhe der Mittellinie außerhalb des Feldes, um von dort die Bälle einzuspielen.

Ablauf
- Der erste Spieler von Mannschaft A läuft in das Feld, bekommt einen Ball vom Trainer zugespielt und muss versuchen, im 1 vs. 0 ein Tor zu erzielen.
- Direkt im Anschluss laufen zwei Spieler der Mannschaft B in das Feld, bekommen einen Ball zugepasst und versuchen im 2 vs. 1 ein Tor zu erzielen.
- Nach dem Ende der 2 vs. 1 Situation starten zwei weitere Spieler von Mannschaft A in das Feld, bekommen wieder einen Ball zugespielt und versuchen nun im 3 vs. 2 ein Tor zu schießen.
- Bei Balleroberung der Unterzahlspieler dürfen diese selbstverständlich auch ein Tor erzielen.
- Nach dem 3 vs. 2 verlassen alles Spieler das Feld und es geht mit neuen Spielern von vorne los.

Variation
- Der Ablauf kann wie folgt angepasst werden: 2 vs. 1, 2 vs. 3 & 3 vs. 3
- Die Torhüter, anstelle des Trainers, bringen jeweils die Bälle ins Spiel.

Trainer-Tipp
- Darauf achten, dass die Spieler schnell auf das Feld wechseln und nach dem Ende des Durchgangs schnell das Feld räumen, um direkt mit der nächsten Aktion starten zu können (Abb. 18.1).

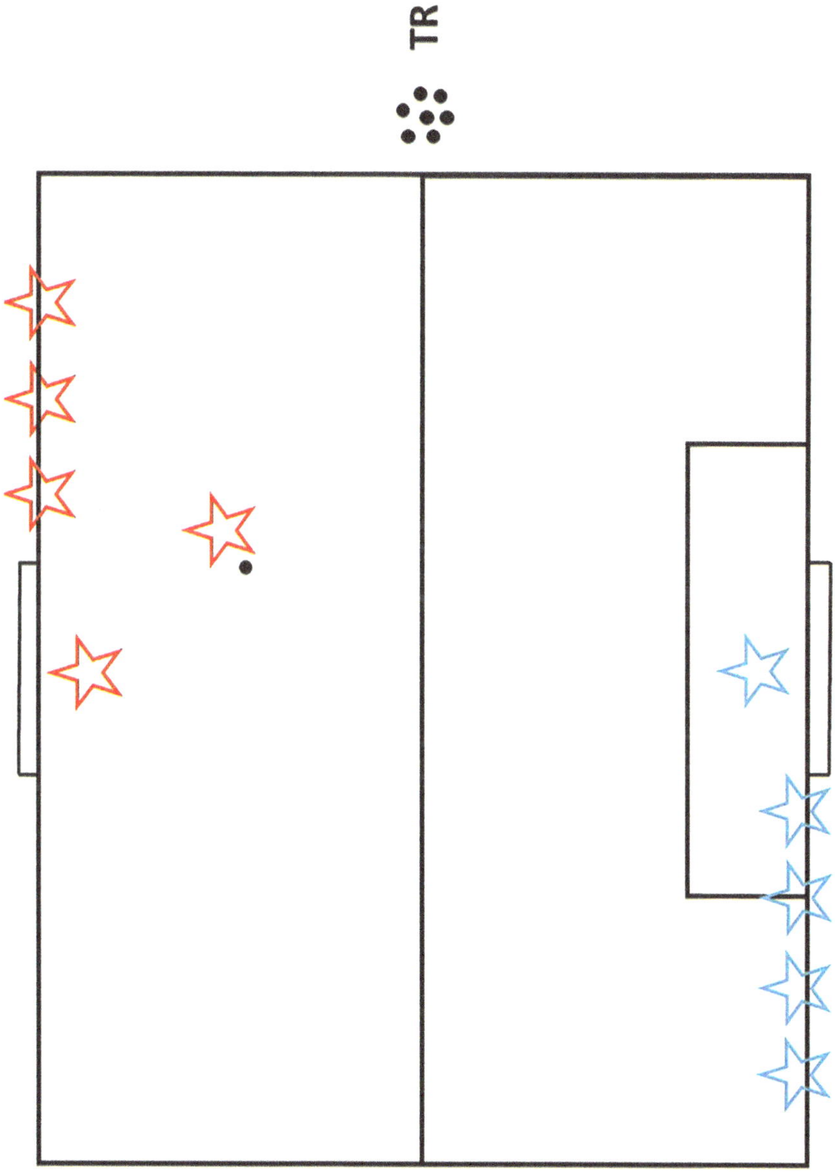

Abb. 18.1 Volksparkstadion Einwechselspiel

18.2   Stadio Olimpico Nachstarter (Rom)

Organisation
- Ein Feld (doppelter 16er) mit zwei Toren aufbauen und zwei Mannschaften einteilen.
- Die Tore mit entsprechenden Torhütern besetzen und die Spieler sollen sich nebeneinander neben den beiden Pfosten des eigenen Tores aufstellen.
- Jeweils zwei Spieler pro Mannschaft stehen zu Beginn auf Höhe der Mittellinie, wobei die beiden roten Spieler mit dem Rücken zum gegnerischen Tor stehen.
- Die Bälle befinden sich im Tor der roten Mannschaft.

Ablauf
- Der Torwart der roten Mannschaft eröffnet mit einem Pass zu einem seiner Mitspieler, der mit dem Rücken zum Tor steht, die 2 vs. 2 Situation.
- Ziel für beide Mannschaften ist es nun, schnellstmöglich ein Tor zu erzielen.
- Mit dem Eröffnungspass des Torwarts sprinten jeweils die vier Spieler (zwei blaue und zwei rote), die direkt neben den vier Pfosten stehen, um das eigene Tor und laufen direkt auf das Spielfeld, um aus dem 2 vs. 2 gegebenenfalls ein 4 vs. 4 zu machen.

Variation
- Damit eine Überzahl-Situation entsteht, sprinten zwei Angreifer und nur ein Verteidiger um das eigene Tor auf das Feld.
- Startposition der nachstartenden Spieler verändern, bspw. auf Höhe der Mittellinie außerhalb des Feldes.

Trainer-Tipp
- Lautstark und motivierend von außen coachen, um das generelle Tempo der Trainingsform hoch zu halten (Abb. 18.2).

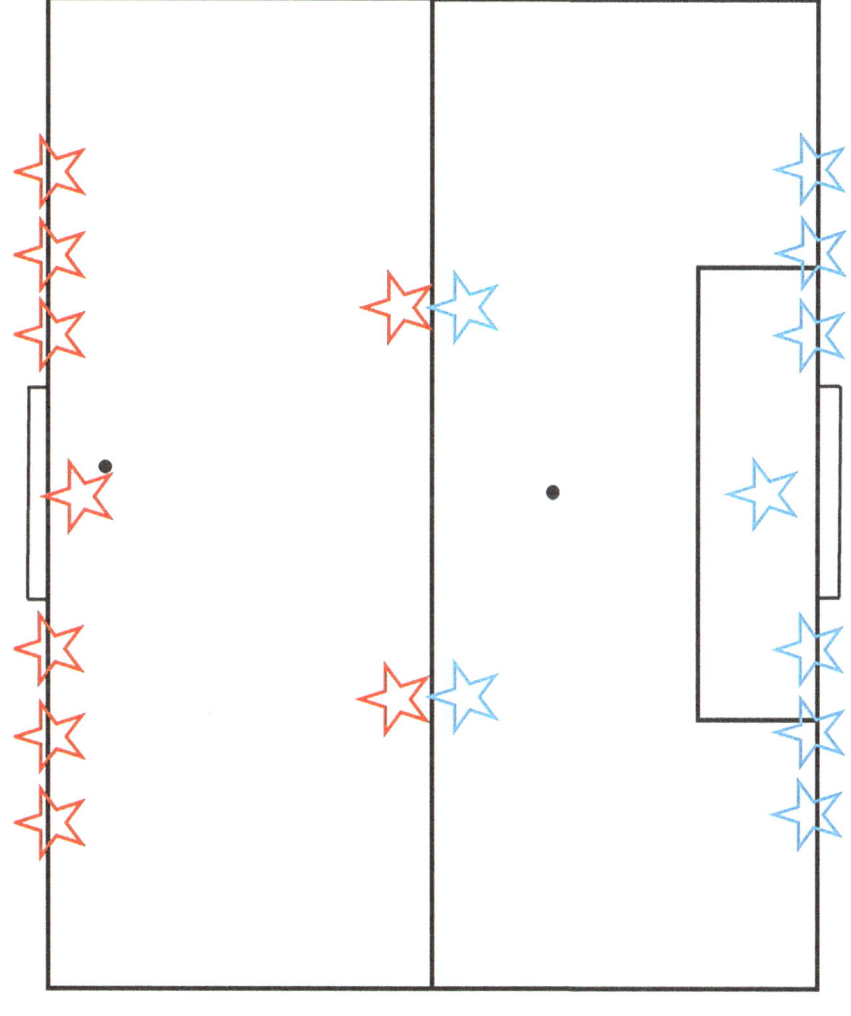

Abb. 18.2 Stadio Olimpico Nachstarter

18.3   Strawberry Arena Tiefenball (Stockholm – AIK Solna)

Organisation
- Ein Feld (doppelter 16er) mit zwei Toren aufbauen und zwei Mannschaften im 7 vs. 7 einteilen.
- Die Tore mit entsprechenden Torhütern besetzen, vier Spieler pro Mannschaft im Feld verteilen und jeweils zwei Spieler stellen sich zwischen Pfosten und Eckfahne hinter die gegnerische Grundlinie als potenzielle Anspieler auf.
- Der Trainer steht mit einem Balldepot auf Höhe der Mittellinie außerhalb des Feldes, um von dort die Bälle einzuspielen.

Ablauf
- Es wird ein 4 vs. 4 auf die Tore gespielt.
- Optional haben beide Mannschaften die Möglichkeit, ihre Anspieler neben dem gegnerischen Tor in das Spiel mit einzubinden. Dabei müssen sie den Ball allerdings mit einem Direktpass wieder zurück ins Spiel bringen.

Variation
- Die Anspieler dürfen mit zwei Kontakten den Ball wieder in das Feld bringen.
- Tore durch Direktabnahme nach einem Zuspiel eines Anspielers zählen doppelt.

Trainer-Tipp
- Darauf achten, dass die Anspieler nach kurzen Zeitfenstern ständig durchgewechselt werden.
- Die Spieler darauf hinweisen, dass sie mit einem Pass zum Anspieler in höchstem Tempo nachrücken müssen, um erfolgreich abschließen zu können (Abb. 18.3).

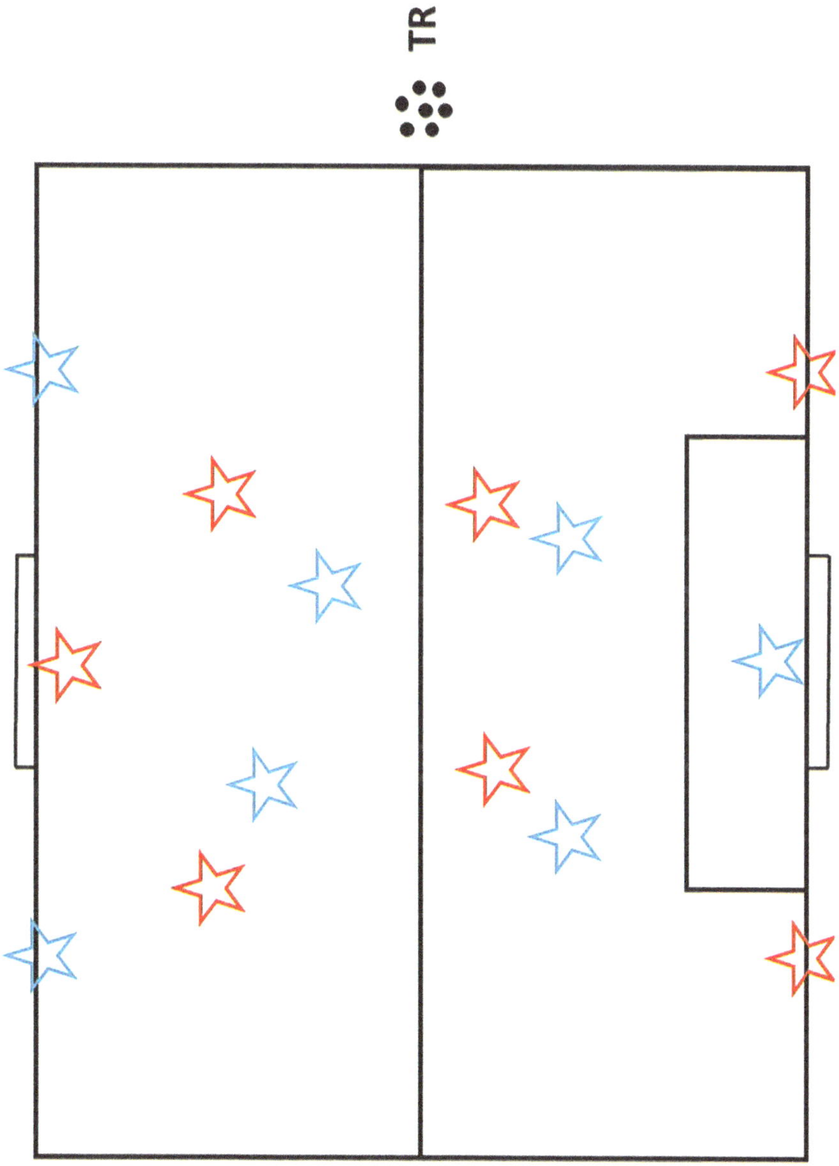

TR

Abb. 18.3   Strawberry Arena Tiefenball

Kreativität & Ausdauer

19

© Der/die Autor(en), exklusiv lizenziert an Springer-Verlag GmbH, DE, ein Teil
von Springer Nature 2025
D. Memmert et al., *Kognitives Athletiktraining im Fußball,* Kognitives
Athletiktraining, https://doi.org/10.1007/978-3-662-71275-7_19

19.1   Moses-Mabhida-Stadion Überzahlspiel (Durban)

Organisation
- Ein 15 m × 30 m großes Spielfeld markieren.
- Es werden drei Mannschaften eingeteilt, wobei die Spieler der grünen Mannschaft zunächst als Überzahlspieler fungieren.
- Es wird im 3 vs. 3 gespielt, wobei die Überzahlspieler immer bei der Mannschaft in Ballbesitz sind.
- Ein Überzahlspieler ist dabei im Feld (freie Kontakte), während die anderen Beiden (maximal zwei Kontakte) sich jeweils an den kurzen Seiten befinden und sich frei auf der Linie bewegen dürfen.

Ablauf
- Das Ziel des Spiels ist es, sich jeweils von einer auf die andere Seite durchzukombinieren, um einen Punkt zu bekommen.
- Einen Punkt gibt es allerdings nur bei einer Verlagerung auf die andere Seite; es darf aber der gleiche äußere Überzahlspieler mehrmals nacheinander angespielt werden.

Variation
- Die Außenspieler haben ebenfalls eine freie Kontaktzahl oder dürfen nur direkt spielen.
- Die Feldgröße anpassen.
- Eine Kontaktbegrenzung auf maximal zwei für alle Spieler einführen.

Trainer-Tipp
- Ab 18 Spielern wird ein zweiter Aufbau empfohlen, ansonsten empfiehlt es sich, die Mannschaftsgröße zu erhöhen.
- Als Coaching-Schwerpunkt bietet sich in diesem Fall sicherlich die Ballan- und -mitnahme bzw. der erste Kontakt an (Abb. 19.1).

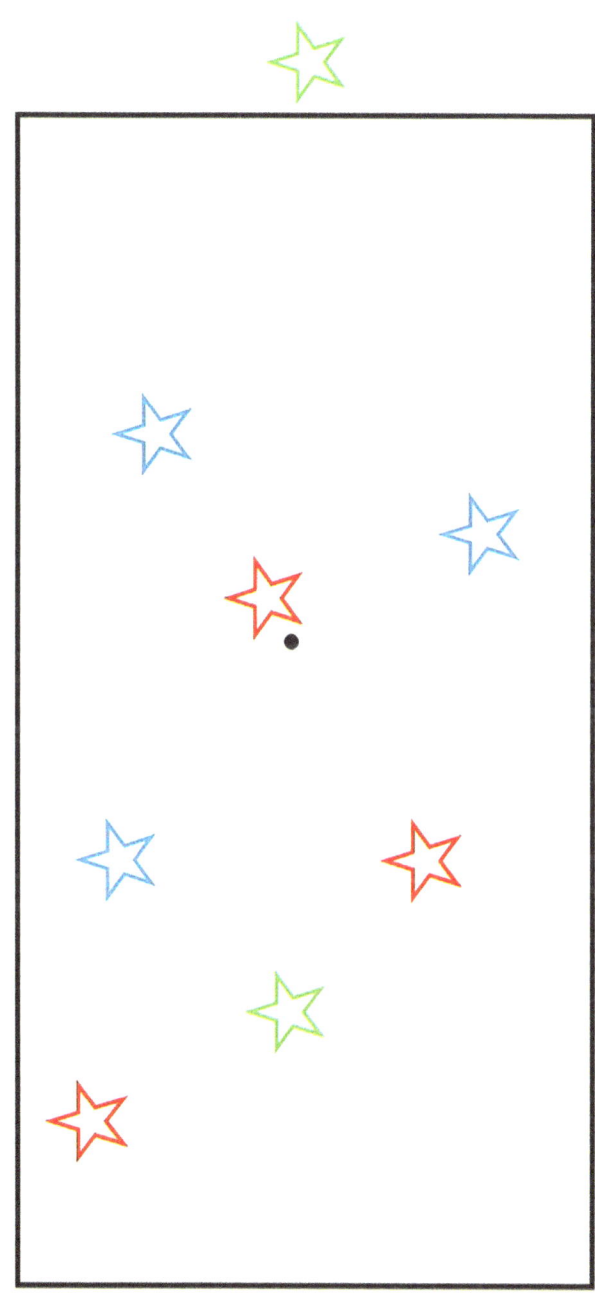

Abb. 19.1   Moses-Mabhida-Stadion

19.2   Suncorp Stadium Bottleflip-Challenge (Brisbane)

Organisation
- Ein Feld (doppelter 16er) mit zwei Toren aufbauen und zwei Mannschaften im 6 vs. 6 einteilen.
- Die Tore mit entsprechenden Torhütern besetzen und fünf Spieler pro Mannschaft im Feld verteilen.
- Neben dem Feld auf Höhe der Mittellinie jeweils drei große Pylonen pro Mannschaft bereitstellen.

Ablauf
- Im Feld wird ein „normales" 5 vs. 5 gespielt.
- Nach einem Torerfolg läuft der Torschütze direkt zu den seiner Mannschaft zugeteilten drei Pylonen und versucht, mindestens zwei von drei zu „flippen". Gelingt ihm dies, bekommt seine Mannschaft einen zusätzlichen Punkt gutgeschrieben.
- Währenddessen läuft das Spiel im 5 vs. 4 direkt weiter.

Variation
- Das eigentliche Tor im Spiel gibt keinen Punkt, berechtigt lediglich dazu, sich möglicherweise in der Pylonen-Flip-Challenge einen Punkt zu holen.

Trainer-Tipp
- Darauf achten, dass der Torhüter nach einem Gegentor den Ball wieder schnell ins Spiel zurückbringt (Abb. 19.2).

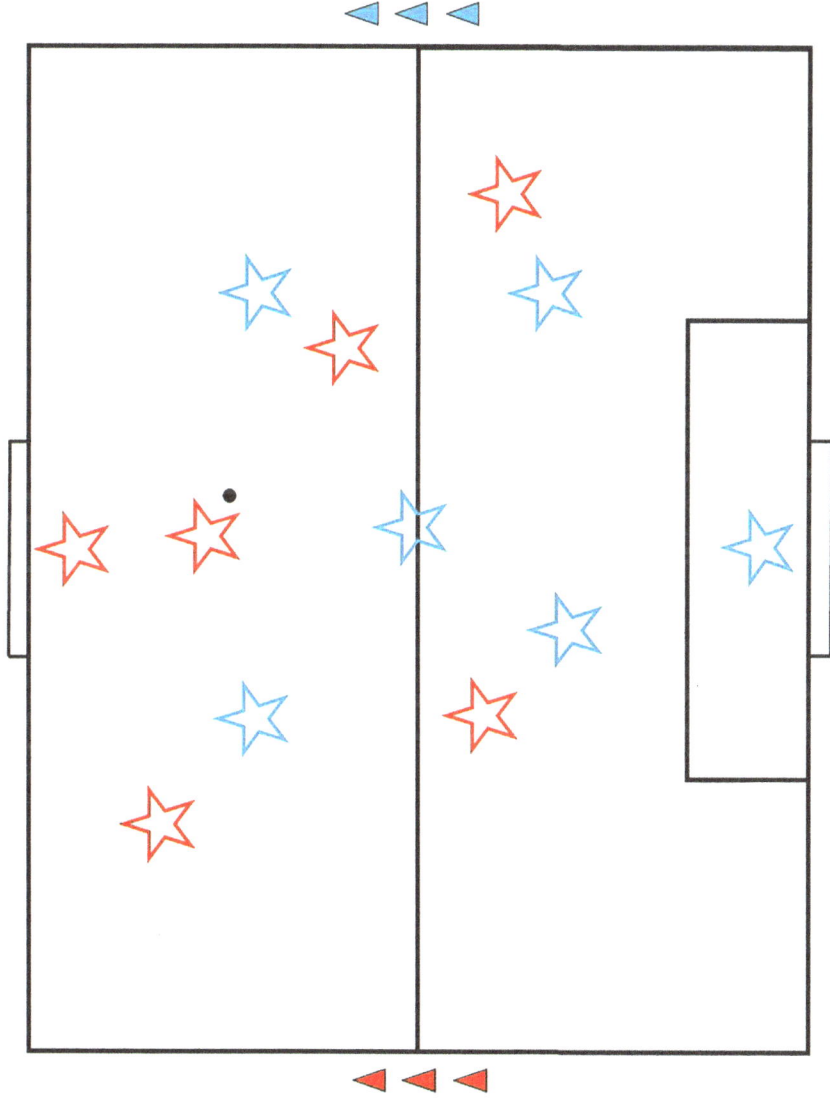

Abb. 19.2 Suncorp Stadium Bottleflip-Challenge

19.3   Arena Corinthians Drei-Tore-Spiel (São Paulo)

Organisation
- Es wird ein 40 m × 40 m großes Feld aufgebaut und drei Mannschaften mit fünf Spielern gebildet.
- Jede Mannschaft darf nun selbst entscheiden, wo sie ihr 3 m breites Pylonen-Dribbeltor in dem Feld platzieren, dass sie dann später verteidigen müssen. Die einzige Bedingung dabei ist, dass jede Pylone mindestens 3 m von der Außenlinie entfernt aufgebaut wird.

Ablauf
- Die blaue Mannschaft verteidigt das eigene Dribbeltor und muss versuchen, bei der roten oder grünen Mannschaft durch das Tor durchzudribbeln, während die rote Mannschaft das eigene Dribbeltor verteidigt und versuchen muss, bei der blauen oder grünen Mannschaft durch das Tor durchzudribbeln und die grüne Mannschaft verteidigt ebenfalls das eigene Dribbeltor und muss versuchen, bei der blauen oder roten Mannschaft durch das Tor durchzudribbeln, um ein Tor zu erzielen.
- Die Dribbeltore dürfen von beiden Seiten durchdribbelt werden, um Tore zu erzielen.

Variation
- Anstelle der Pylonen-Dribbeltore können auch Minitore verwendet werden.
- Die Pylonen-Dribbeltore können auch als Passtore verwendet werden, in dem ein Mitspieler den Ball anschließend noch annehmen muss.
- Nach einer gewissen Zeit mit zwei bzw. drei Bällen gleichzeitig spielen.

Trainer-Tipp
- Darauf achten, dass die Mannschaft, die ein Tor bekommen hat, danach mit Ballbesitz am eigenen Tor startet (Abb. 19.3).

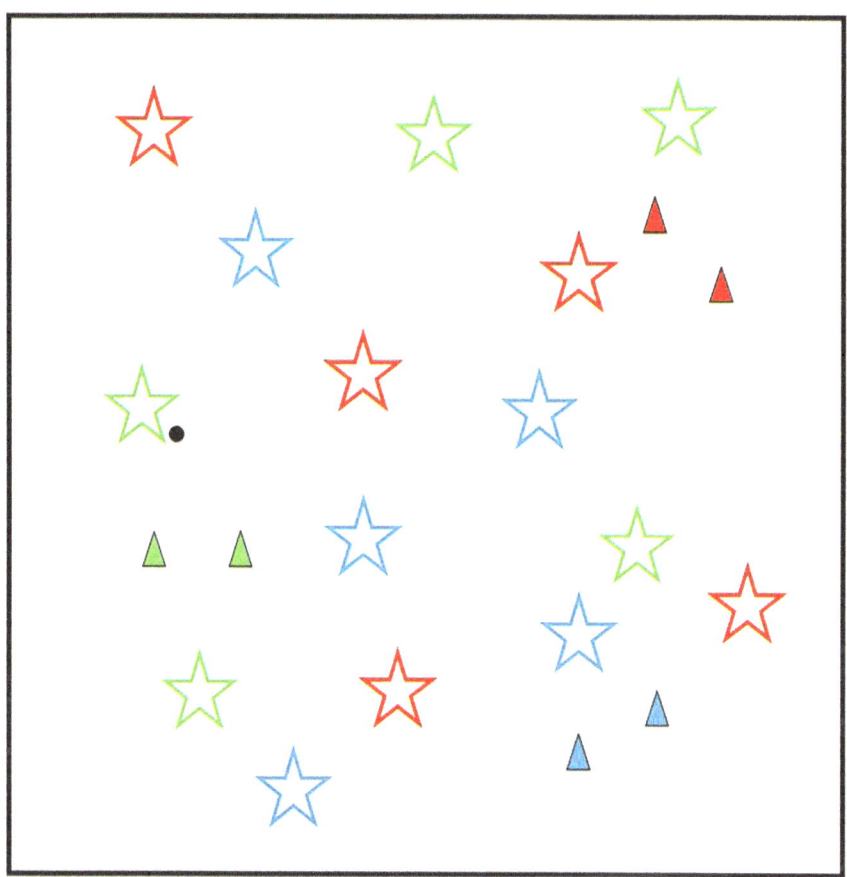

Abb. 19.3 Arena Corinthians Drei-Tore-Spiel

Kreativität & Koordination

20

20.1 Croke Park Schattenlaufen (Dublin)

Organisation
- Ein Feld (25×25 m) markieren und mit ganz vielen unterschiedlichen Materialien bestücken (Hütchen, Pylonen, Koordinationsleiter, Stangen, Hürden, usw.).
- Zwei Spieler mit jeweils einem eigenen Ball bilden ein Paar.

Ablauf
- Der blaue Spieler dribbelt mit dem Ball am Fuß kreuz und quer durch das Feld, nutzt die entsprechenden Materialien und der rote Spieler versucht den blauen Spieler eins zu eins nachzuahmen.
- Nach einer gewissen Zeit gibt der rote Spieler alles vor, was der blaue Spieler imitieren muss.

Variation
- Der hintere Spieler dribbelt nicht nur einen Ball am Fuß, sondern gleichzeitig noch einen Ball mit der Hand.

Trainer-Tipp
- Die vorderen Spieler darauf hinweisen, sich ab und zu einmal umzudrehen, ob sich der Mitspieler überhaupt noch direkt hintendran befindet oder womöglich gerade seinen versprungenen Ball holen muss (Abb. 20.1).

Abb. 20.1 Croke Park Schattenlaufen

20.2   König-Baudouin-Stadion Vorgabenspiel (Brüssel)

Organisation
- Ein Feld (doppelter 16er) mit zwei Toren aufbauen und zwei Mannschaften im 6 vs. 6 einteilen.
- Die Tore mit entsprechenden Torhütern besetzen und fünf Spieler pro Mannschaft im Feld verteilen.

Ablauf
- Es wird ganz „normal" Fußball gespielt, allerdings wird eine genaue Reihenfolge der Ballberührungen vorgegeben, nämlich: Fuß – Hand – Kopf.
- Der erste rote Spieler A dribbelt und schießt den Ball mit dem Fuß. Wenn er ihn zu seinem roten Mitspieler B passt, muss ihn dieser in die Hand nehmen, um den Ball zu dribbeln oder zu passen. Nach einem Abspiel zum roten Spieler C darf dieser den Ball nur mit dem Kopf berühren. Der nächste rote Spieler beginnt dann wieder mit dem Fuß.
- Zu jeder Zeit darf entsprechend der Reihenfolge ein Tor mit dem Fuß, mit der Hand oder mit dem Kopf erzielt werden.
- Gewinnt die gegnerische blaue Mannschaft den Ball, beginnt hier die Reihenfolge wieder von vorn, je nachdem wie der Ball erobert wurde.

Variation
- Es befinden sich jeweils zwei neutrale Mitspieler pro Mannschaft an den Seitenlinien, die jederzeit angespielt werden dürfen und unabhängig der Reihenfolge im Feld den Ball mit der Hand einwerfen bzw. einrollen dürfen.
- Unterschiedliche Punkte vergeben, z. B. drei Punkte für ein Kopfballtor, zwei Punkte für ein Tor mit dem Fuß und noch einen Punkt für ein geworfenes Tor.
- Die Spielfeldgröße auf das Leistungsniveau der Spieler anpassen.

Trainer-Tipp
- Vor allem auf das Freilaufverhalten der Mitspieler achten, wenn einem Spieler der Ball zugeworfen wird und er somit mit dem Kopf das Spiel fortsetzen muss (Abb. 20.2).

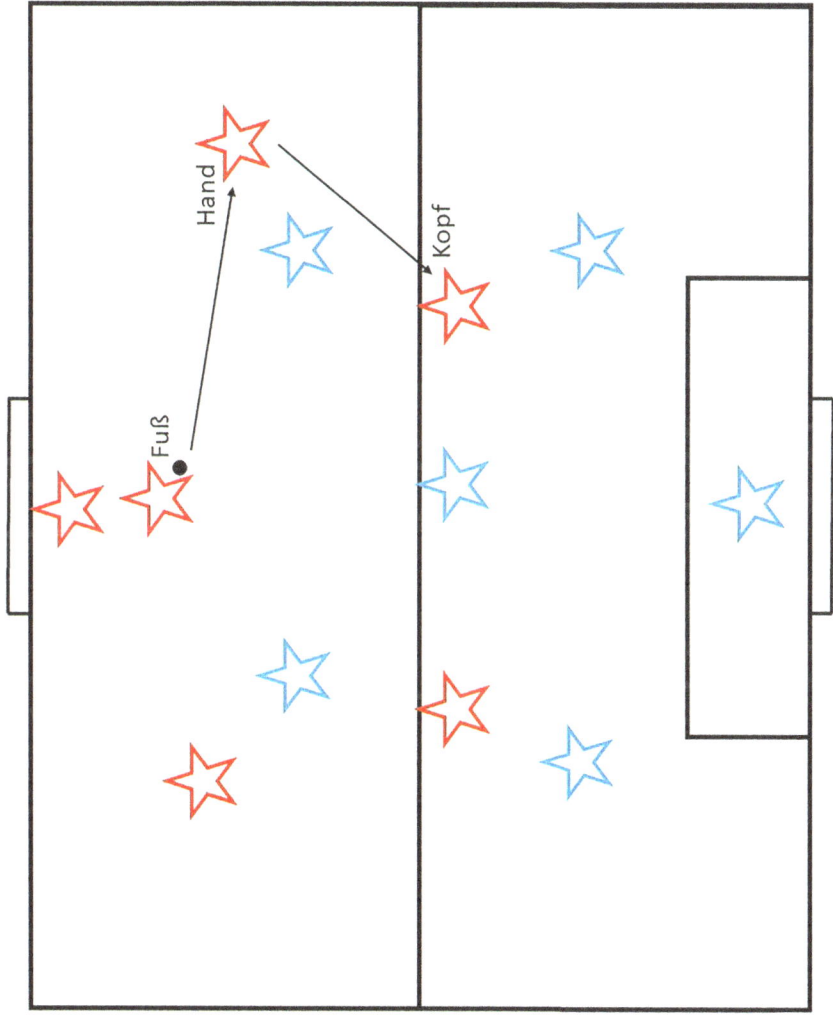

Abb. 20.2 König-Baudouin-Stadion Vorgabenspiel

20.3   Millerntor-Stadion Teamwork (Hamburg – St- Pauli)

Organisation
- Die Mannschaft in drei Fünfergruppen einteilen und mit genügend Abstand in einem Feld (15×15 m) zueinander aufstellen.

Ablauf
- Der Trainer gibt eine Aufgabe vor, die die Fünfergruppe schnellstmöglich erledigen muss, z. B. es dürfen nur drei Hände und drei Füße den Boden berühren.
- Die Mannschaft, die als erstes die Aufgabe löst und ihre „Konstruktion" für mindestens drei Sekunden hält, bekommt einen Punkt.

Variation
- Neben dem Platz noch weitere Materialien (Wände, Langbänke, Kästen, Bänke, Stangen, Geländer, Bälle, usw.) nutzen, um die Aufgaben zu formulieren.

Trainer-Tipp
- Darauf achten, dass die Sicherheit bei der Umsetzung der Ideen der Gruppe gewährleistet wird (Abb. 20.3).

Abb. 20.3 Millerntor-Stadion Teamwork

Kreativität & Kraft

21

© Der/die Autor(en), exklusiv lizenziert an Springer-Verlag GmbH, DE, ein Teil
von Springer Nature 2025
D. Memmert et al., *Kognitives Athletiktraining im Fußball,* Kognitives
Athletiktraining, https://doi.org/10.1007/978-3-662-71275-7_21

21.1   Stade de France Tierfußball (Paris)

Organisation
- Die Mannschaft wird in vier gleich große Gruppen eingeteilt, die auf zwei nebeneinander aufgebauten Feldern (15 × 10 m) mit insgesamt vier Minitoren gegeneinander spielen.
- Es werden drei (sechs) Spiele ‚Jeder gegen Jeden' (mit Rückrunde) gespielt.

Ablauf
- 1. Partie: Das Duell der Löwen
  - Alle Spieler krabbeln auf dem Boden (Bodenkontakte mit den Knien sind erlaubt) und dürfen den Ball nur mit beiden Händen führen, passen und schießen.
  - Bei Torerfolg führt die Mannschaft als Torjubel einen Löwenschrei aus.
- 2. Partie: Das Duell der Krebse
  - Alle Spieler krabbeln rückwärts auf dem Boden (möglichst ohne Bodenkontakt mit dem Gesäß) und dürfen den Ball nur mit den Füßen führen, passen und schießen.
  - Bei Torerfolg führt die Mannschaft als Torjubel einen „Fuß-High-Five" mit einem anderen Spieler durch.
- 3. Partie: Das Duell der Bären
  - Alle Spieler krabbeln auf dem Boden (möglichst ohne Bodenkontakt mit den Knien) und dürfen den Ball nur mit den Füßen führen, passen und schießen.
  - Bei Torerfolg führt die Mannschaft als Jubel einen Bärenschrei aus.
- Die Mannschaft, die am Ende die meisten Spiele gewonnen hat, ist der König der Tierwelt.
- Bei Gleichstand gewinnt die Mannschaft, die die Tiere am besten nachgeahmt hat.

Variation
- Spielfeldgröße und Zeit flexibel anpassen.
- Anzahl der Bälle variieren.
- Anzahl der Minitore erhöhen oder zusätzliche Dribbeltore integrieren.
- Wenn vor der Torerzielung jedes Kind mindestens einmal am Ball war, zählt das Tor sogar doppelt bzw. dreifach.

Trainer-Tipp
- Falls der Ball im Aus oder im Tor ist, dürfen die Spieler so lange aus ihrer vorgeschriebenen Position „ausbrechen", bis der Ball wieder im Spiel ist.
- Wenn ein Spieler nicht mehr in der Lage ist, die Position zu halten, erlaubt ihm der Trainer eine vereinfachte Version.
- Darauf achten, dass die ganze Zeit ohne Torhüter gespielt wird (Abb. 21.1).

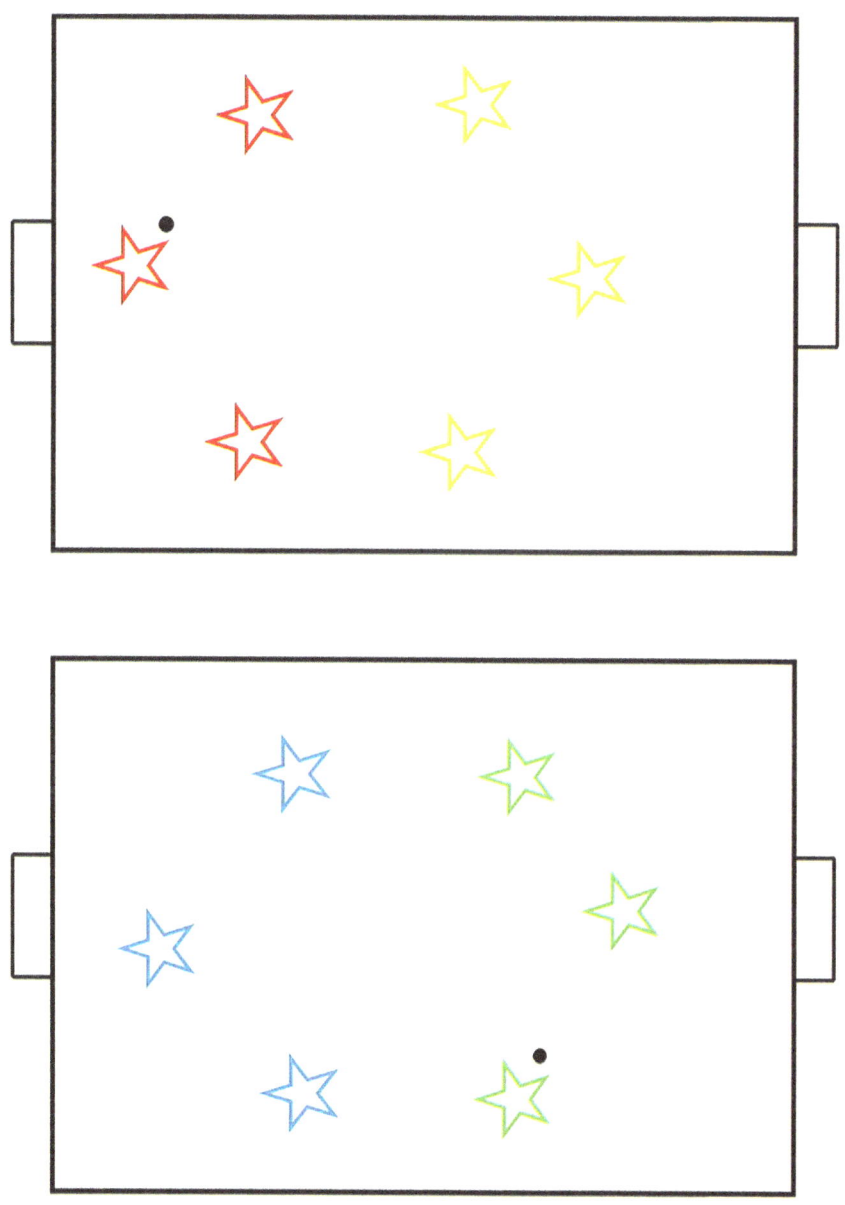

Abb. 21.1 Stade de France Tierfußball

21.2   Providence Park Stabilisations-Wettkampf (Portland)

Organisation
- Die Mannschaft in drei Fünfergruppen einteilen und mit genügend Abstand zueinander aufstellen.

Ablauf
- Der Trainer gibt eine Zahl vor, die die Fünfergruppe schnellstmöglich erledigen muss, z. B. 93.
- Jeder Spieler aus der Fünfergruppe ist nun verantwortlich für eine der folgenden Übungen: Liegestütz, Hampelmänner, Burpees, Kniebeugen und gesprungene Ausfallschritte.
- Jeder muss mindestens fünf Wiederholungen für seine Übung am Stück absolvieren, bevor der Nächste den „Staffelstab" übernimmt.
- Die Fünfergruppe, die als erste die vorgegebene Zahl erreicht, gewinnt.
- In diesem Fall könnte die Aufteilung wie folgt aussehen: Spieler A = 17 Liegestütz, Spieler B = 22 Hampelmänner, Spieler C = 14 Burpees, Spieler D = 25 Kniebeugen und Spieler E = 15 gesprungene Ausfallschritte.

Variation
- Nach jedem Durchgang müssen die Spieler untereinander die Übungen selbstständig durchwechseln.
- Während des Wettkampfes dürfen die Spieler nicht mehr untereinander kommunizieren.

Trainer-Tipp
- Darauf achten, dass trotz des Wettkampfes, die Ausführungen der einzelnen Übungen „sauber" durchgezogen werden (Abb. 21.2).

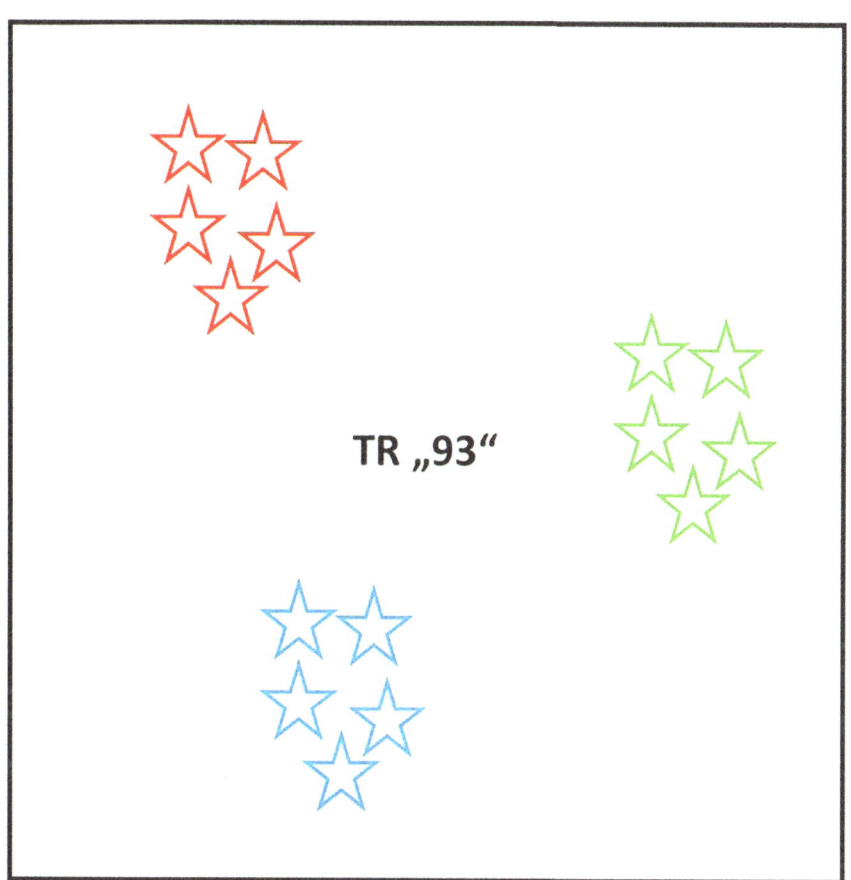

Abb. 21.2 Providence Park Stabilisations-Wettkampf

Intelligenz & Schnelligkeit

22

22.1   Lockhart Stadium Angriff-Abwehr-Wechsel (Fort Lauderdale)

Organisation
- Ein Feld (doppelter 16er) mit zwei Toren aufbauen, zwei Mannschaften einteilen und zwei gelbe Hütchentore auf Höhe der Mittellinie auf die Seitenlinie platzieren.
- Die Tore mit entsprechenden Torhütern besetzen und die Spieler sollen sich nebeneinander neben dem Pfosten des eigenen Tores mit Ball am Fuß aufstellen.

Ablauf
- Die Reihenfolge für jeden einzelnen Spieler ist wie folgt: Angriff, Verteidigung, Sprint.
- Der rote Spieler A dribbelt zunächst im 1 vs. 0 auf den Torhüter zu und versucht ein Tor zu erzielen.
- Direkt im Anschluss an den Schuss des roten Spielers A startet der blaue Spieler A und versucht, ebenfalls ein Tor zu erzielen. Dies probiert in diesem Fall allerdings der ote Spieler A zu verhindern. Kommt es zu einem Torschuss oder erobert der rote Spieler A den Ball, geht es mit dem roten Spieler B vs. dem blauen Spieler A weiter. Der rote Spieler A sprintet zum Abschluss noch durch eines der beiden gelben Hütchentore und stellt sich dann mit Ball hinter seine Mannschaft wieder an.

Variation
- Es kann auch auf den abschließenden Sprint verzichtet werden.
- Nach jedem Durchgang den Start neben den anderen eigenen Pfosten verlegen.

Trainer-Tipp
- Die Spieler motivational von außen begleiten, damit sie nach der Offensivaktion direkt in den Defensivmodus umschalten (Abb. 22.1).

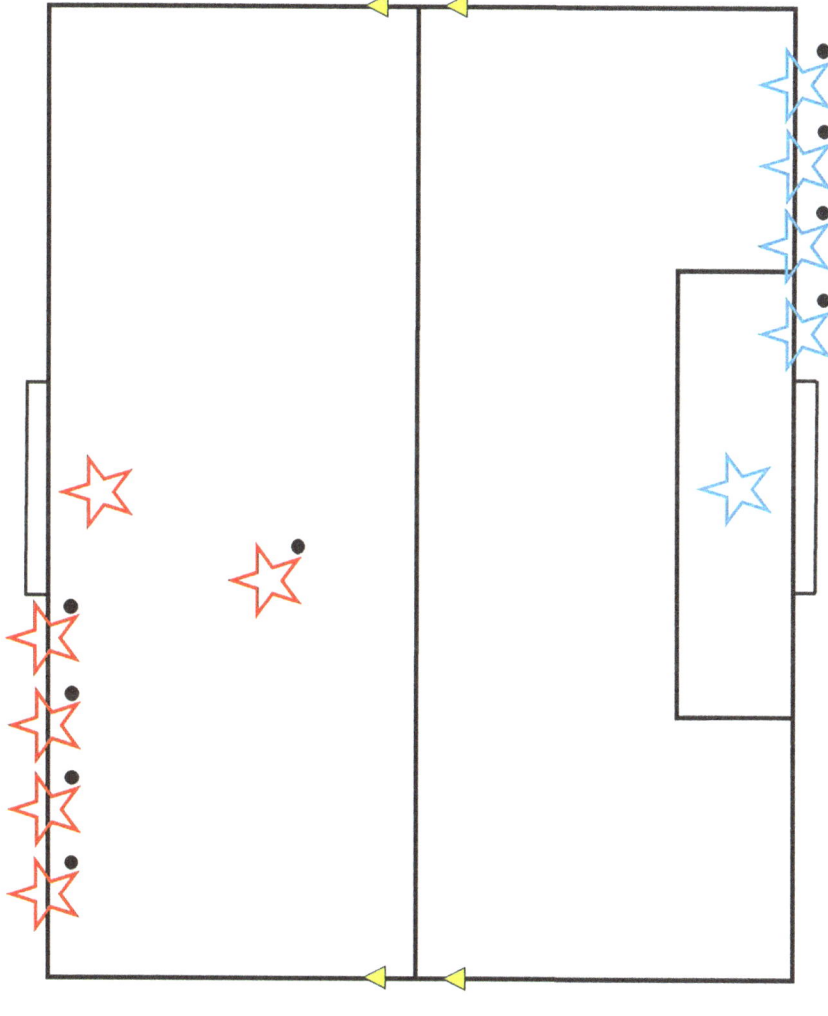

Abb. 22.1 Lockhart Stadium Angriff-Abwehr-Wechsel

22.2   Cape Town Stadium Farbensprints (Kapstadt)

Organisation
- Das Spielfeld mit 6×12 m idealerweise mehrfach aufbauen, unterschiedlich farbige Eckhütchen verwenden und in der Mitte noch eine Raute markieren.
- Es gehen jeweils immer drei Spieler pro Durchgang zusammen.

Ablauf
- Die Spieler absolvieren eine koordinative Passform mit anschließendem Farbensprint.
- Spieler A arbeitet zunächst die ganze Zeit innerhalb der Raute.
- Die beide äußeren Spieler haben jeweils einen Ball.
- Spieler A bekommt abwechselnd von den beiden äußeren Spielern den Ball zugespielt und lässt diesen klatschen (intensives Tempo), während die äußeren Spieler ständig ihre Positionen verändern.
- Auf das Trainer-Kommando „gelb & grün" (Farbkombination mit ein bis zwei Farben) läuft der Spieler in der Raute die Hütchenfarben nacheinander im Sprint ab; anschließend erfolgt dann ein Aufgabenwechsel.

Variation
- Belastungsdauer anpassen.
- Farbkommandos sind von einer bis vier Farben möglich.
- Die Art des Zuspiels variieren.
- Die Kommandos variieren, indem anstatt Farben bspw. Zahlen verwendet werden.

Trainer-Tipp
- Darauf achten, dass der Sprint bis zum Ende durchgezogen wird (Abb. 22.2).

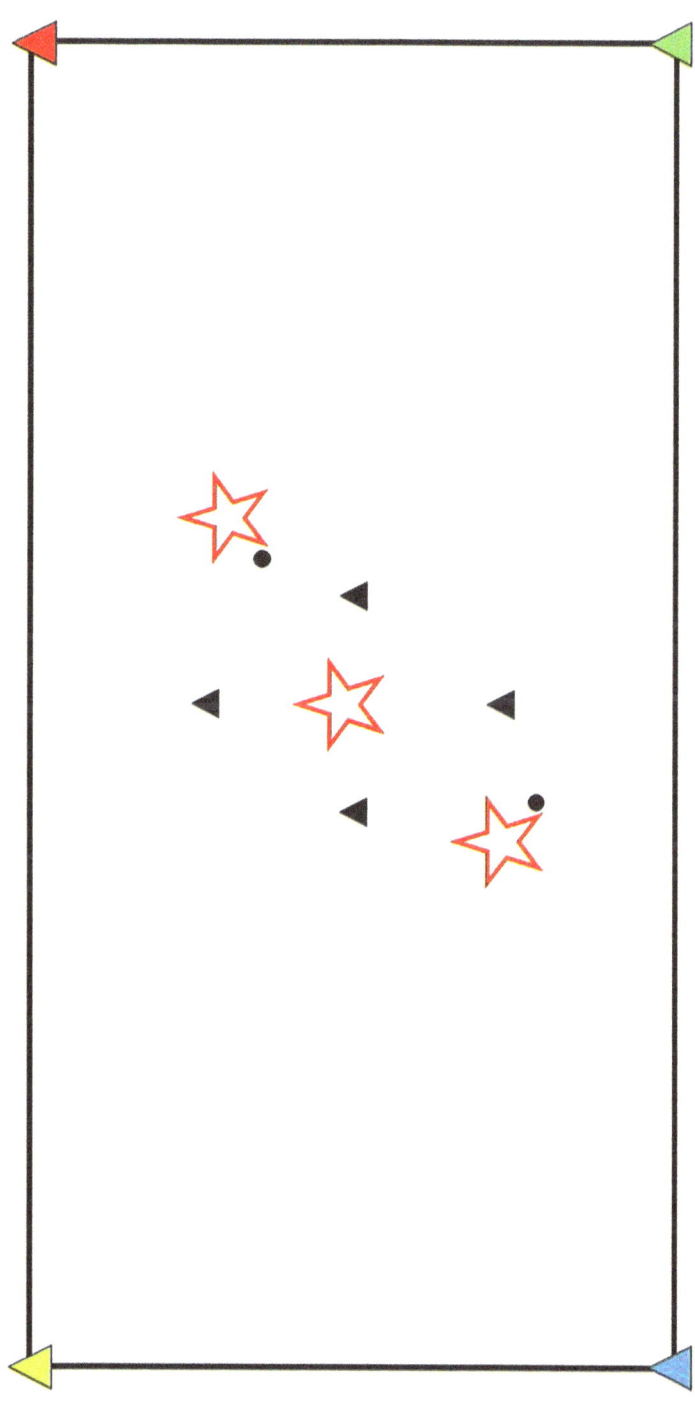

Abb. 22.2   Cape Town Stadium Farbensprints

22.3   Müngersdorfer Stadion Nachläufer (Köln)

Organisation
- Ein Feld (doppelter 16er) mit einem zentralen Tor sowie drei Minitoren auf-
  bauen und zwei Mannschaften einteilen.
- Das Tor mit einem Torhüter besetzen und die Spieler sollen sich hinter den
  Minitoren abwechselnd aufstellen.
- Zum Start befinden sich zwei blaue Verteidiger auf Höhe der Mittellinie in Ver-
  längerung der beiden Torpfosten, drei rote Angreifer jeweils direkt vor einem
  der Minitore, wobei der mittlere Spieler einen Ball am Fuß hat und ein blauer
  Verteidiger wartet noch zusätzlich an der „Eckfahne".

Ablauf
- Die Aktion startet, sobald der mittlere rote Angreifer den Ball berührt.
- Die rote Mannschaft versucht nun, gegen anfangs zwei blaue Verteidiger ein
  Tor zu erzielen.
- Mit dem ersten Kontakt des roten Angreifers darf allerdings auch der dritte
  blaue Verteidiger nachstarten, um somit möglicherweise aus einer Unter- eine
  Gleichzahl-Situation herzustellen.
- Wenn die verteidigende blaue Mannschaft den Ball erobert, darf sie einmalig
  auf die Minitore kontern.
- Danach bleiben zwei rote Angreifer als neue Verteidiger auf Höhe der 16 m
  Linie stehen und die restlichen vier Spieler für die Aktion nehmen ebenfalls
  ihre Positionen ein.

Variation

- Zunächst mit einem 2 vs. 1 beginnen, mit einem 3 vs. 1 fortfahren, anschließend
  ein 3 vs. 2 durchspielen, bevor dann am Ende ein 3 vs. 2 + 1 steht.

Trainer-Tipp
- Den Verteidigern helfen, wie sie derartige Unterzahl-Situationen lösen sollen
  und den Angreifern klare Anweisungen für eine derartige Überzahl-Situation
  mitgeben (Abb. 22.3).

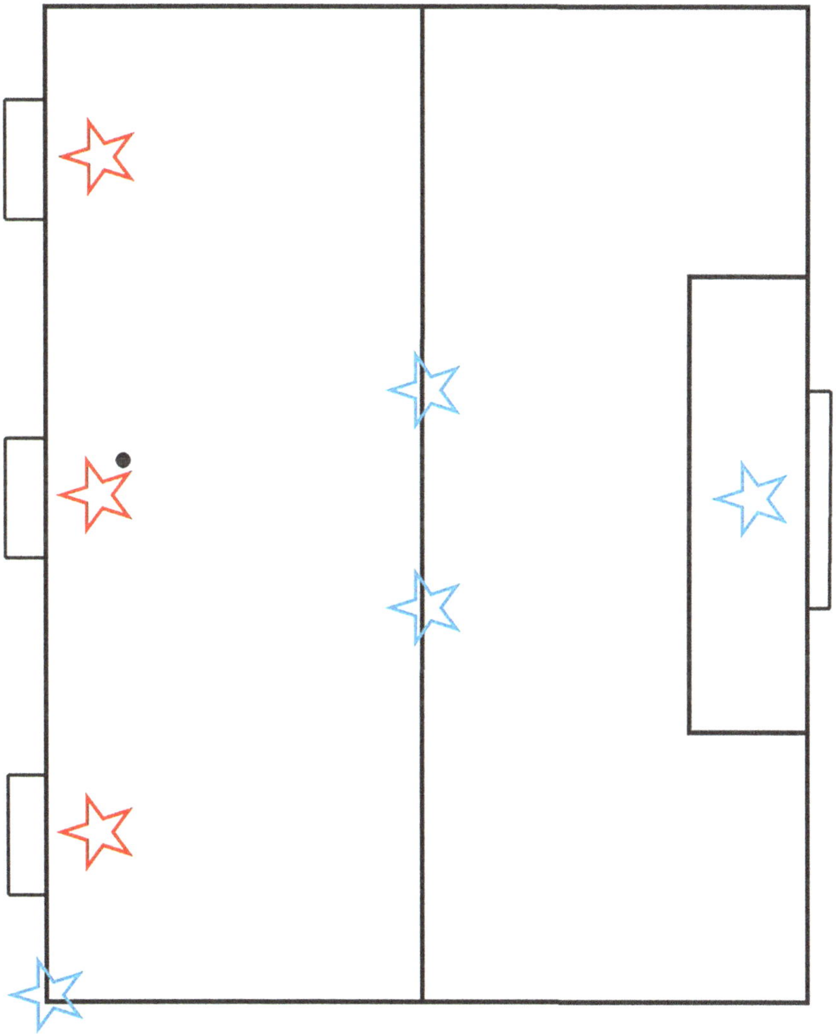

Abb. 22.3 Müngersdorfer Stadion Nachläufer

Intelligenz & Ausdauer

23

23.1   Liberty Stadium Doppeltor (Swansea)

Organisation
- Ein Spielfeld mit den Maßen 40×40 m aufbauen inklusive zwei Toren in der Mitte des Feldes, die mit dem Rücken zueinander positioniert werden.
- Es werden zwei Mannschaften mit sechs Spielern eingeteilt und zwei Torhüter in die Tore positioniert.

Ablauf
- Der Trainer eröffnet mit einem Pass auf die rote Mannschaft das Spiel und erteilt ihr damit das Angriffsrecht.
- Die rote Mannschaft versucht nun, auf beide Tore ein Tor zu erzielen.
- Die blaue Mannschaft versucht dies zu verhindern.
- Bei einer Balleroberung durch die blaue Mannschaft muss diese zunächst versuchen, einen Spieler anzuspielen, der sich außerhalb des Feldes anbietet.
- Dieser dribbelt dann wieder direkt zurück ins Feld und somit hat die blaue Mannschaft das Angriffsrecht erlangt.

Variation
- Außerhalb des Feldes mit zwei neutralen Spielern arbeiten, die sich frei um das Feld bewegen dürfen.
- Nach Balleroberung wechselt das Angriffsrecht, wenn die Mannschaft es hinbekommt, eine gewisse Anzahl an Pässen zu spielen.

Trainer-Tipp
- Darauf achten, dass die Mannschaften auch wirklich versuchen, auf beide Tore anzugreifen (Abb. 23.1).

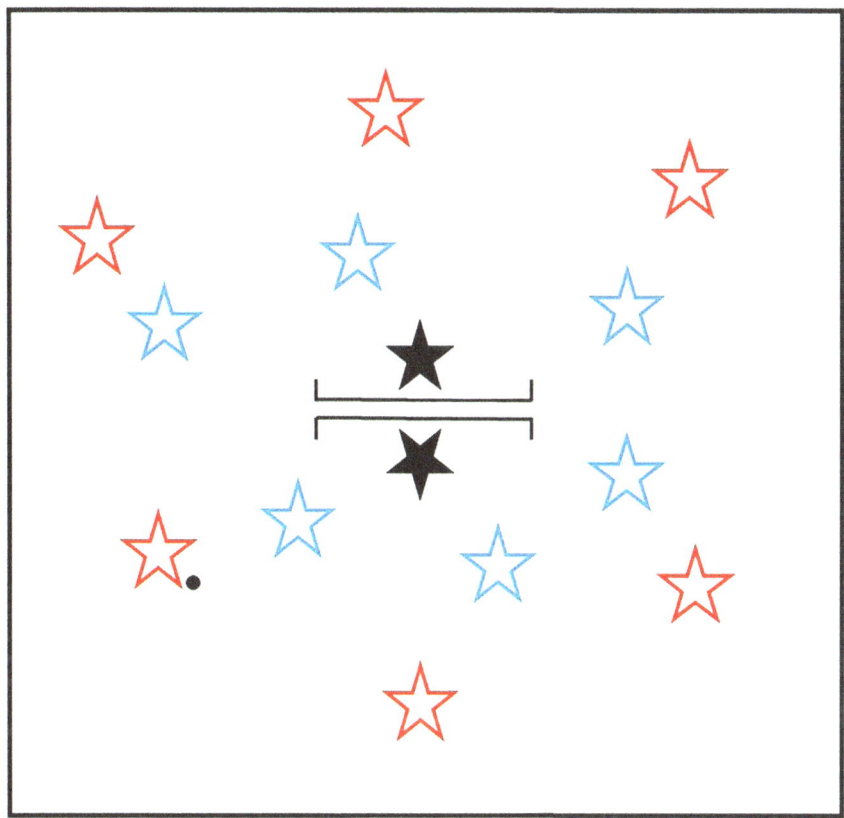

Abb. 23.1 Liberty Stadium Doppeltor

23.2   Stadion An der Alten Försterei Spielverlagerung (Berlin)

Organisation
- Es werden zwei Spielfelder mit den Maßen 10×10 m mit einer 5 m breiten neutralen Zone zwischen den beiden Feldern aufgebaut.
- Außerdem werden drei Mannschaften mit jeweils vier Spielern eingeteilt.
- Zwei Vierermannschaften (rot und blau) befinden sich in den jeweiligen Spielfeldern und spielen zusammen gegen die dritte Mannschaft (grün).
- Zwei der vier verteidigenden Spieler der grünen Mannschaft gehen mit in eines der Spielfelder und die beiden anderen grünen Verteidiger beginnen in der neutralen Zone.

Ablauf
- Die blaue und rote Mannschaft spielt auf Ballbesitz, was u. a. durch eine Spielverlagerung in das andere Feld möglich ist.
- Die grüne Mannschaft versucht, die Mannschaften in Ballbesitz an einer Spielverlagerung zu hindern, entweder direkt im Feld oder spätestens durch das Abfangen des Balles in der neutralen Zone.
- Bei einer erfolgreichen Spielverlagerung wechseln die grünen Verteidiger aus der neutralen Zone direkt in das Spielfeld und die anderen beiden füllen in der neutralen Zone auf.
- Nach 2 min wechseln dann die Aufgaben.
- Die Mannschaft, die die wenigsten Spielverlagerungen zulässt, gewinnt den Wettkampf.

Variation
- Die Spielverlagerungen sind erst nach einer bestimmten Anzahl an erfolgreichen Pässen innerhalb eines Spielfeldes möglich.

Trainer-Tipp
- Darauf achten, dass die Spielverlagerungen möglichst durch Flachpässe erfolgen, damit eine einfachere Spielfortsetzung in der anderen Hälfte gegeben ist (Abb. 23.2).

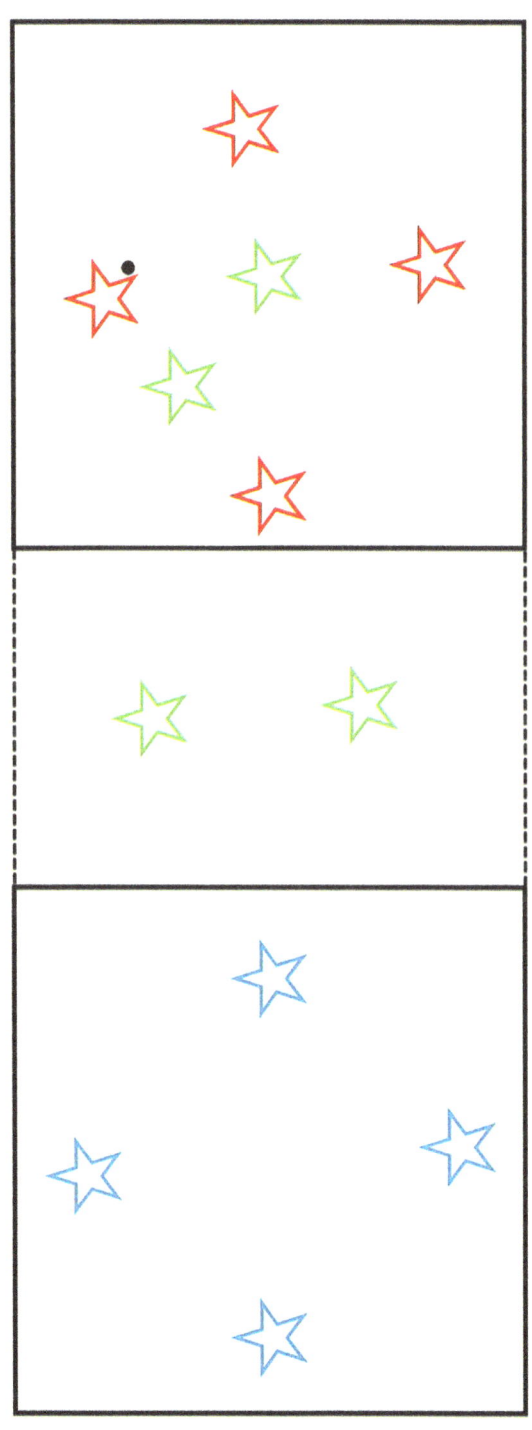

Abb. 23.2 Stadion An der Alten Försterei Spielverlagerung

23.3   Estádio Beira-Rio Brasilianisches Turnier (Porto Alegre)

Organisation
- Ein Feld (doppelter 16er) mit zwei zentralen Toren aufbauen und drei Mannschaften mit fünf Spielern einteilen.
- Die Tore mit jeweils einem Torhüter besetzen.
- Zum Start befinden sich zwei Mannschaften (blau und rot) auf dem Spielfeld und die grüne Mannschaft befindet sich außerhalb des Feldes auf Höhe der Mittellinie.

Ablauf
- Im Feld wird ein ganz „normales" Fußballspiel 5 vs. 5 gespielt.
- Die grüne Mannschaft, die außerhalb des Spielfeldes positioniert ist, läuft drei Temporunden um das komplette Spielfeld.
- Nach diesen drei Runden wechseln sie für die blaue Mannschaft auf das Spielfeld.
- Anschließend läuft die blaue Mannschaft drei Temporunden um das komplette Spielfeld und wechselt dann Aufgabe und Position mit der roten Mannschaft, usw.
- Wichtig ist, dass die ganze Mannschaft die drei Runden absolviert haben muss, bevor es zu einem Wechsel kommt.
- Der Ballbesitz ist jeweils bei der Mannschaft, die von außen ins Spiel wechselt.

Variation
- Die Rundenanzahl für die äußere Mannschaft anpassen.

Trainer-Tipp
- Die Mannschaften darauf hinweisen, dass die äußere Mannschaft möglichst schnell die Runden absolvieren sollte, da am Ende die Tore zusammengezählt werden und die Mannschaft mit den meisten Torerfolgen gewinnt und dadurch die gegnerischen Mannschaften weniger Zeit bekommen, um selbst Tore zu schießen (Abb. 23.3).

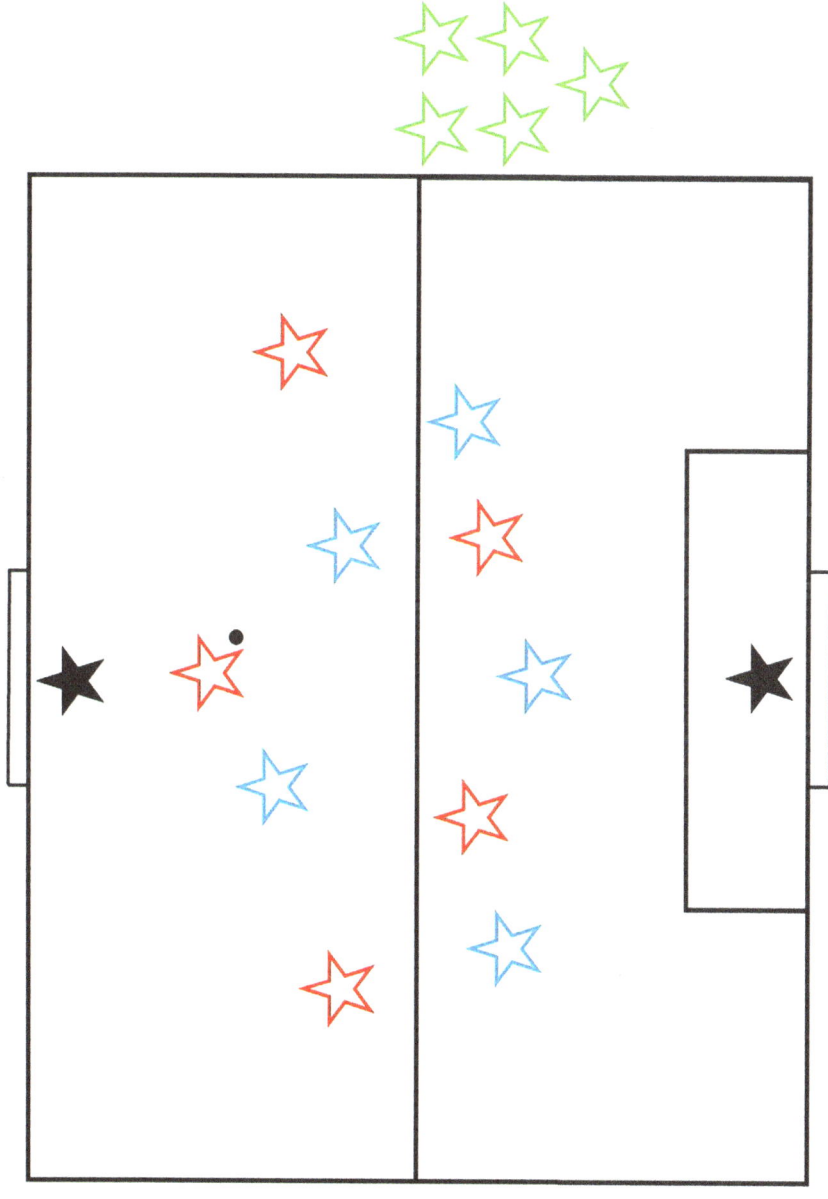

Abb. 23.3   Estádio Beira-Rio Brasilianisches Turnier

Intelligenz & Koordination

24

D. Memmert et al., *Kognitives Athletiktraining im Fußball,* Kognitives
Athletiktraining, https://doi.org/10.1007/978-3-662-71275-7_24

24.1   Stadio Diego Armando Maradona Hütchentausch (Neapel)

Organisation

- Es wird ein Spielfeld mit den Maßen 25×25 m aufgebaut und die vier Ecken entsprechend unterschiedlich markiert (gelb, rot, blau und grün).
- Außerdem werden vier Mannschaften mit jeweils fünf Spielern eingeteilt.
- Zusätzlich bekommt jeder Spieler einer Mannschaft noch ein gleichfarbiges Hütchen ausgeteilt, identisch zu den Farben der Eckhütchen.

Ablauf

- Wenn die Übung beginnt, laufen alle Spieler im Feld durcheinander und haben die Aufgabe, ständig ihre Hütchen untereinander auszutauschen.
- Auf ein Trainerkommando (z. B. Pfiff) hat jeder Spieler die Aufgabe, schnellstmöglich in die Ecke zu laufen, die farblich identisch mit dem eigenen Hütchen in der Hand ist.
- Die fünf Spieler, die die Aufgabe als erstes lösen, bekommen einen Punkt.

Variation

- Die Spieler haben noch zusätzlich einen Ball am Fuß.
- Treffpunkt ist nach Pfiff nicht das identische Hütchen, sondern das Hütchen diagonal gegenüber.
- Nach Pfiff treffen sich die Spieler nicht am Hütchen, sondern müssen schnellstmöglich im Feld zusammenfinden.

Trainer-Tipp

- Genau darauf achten, welche Spieler einen Punkt bekommen (Abb. 24.1).

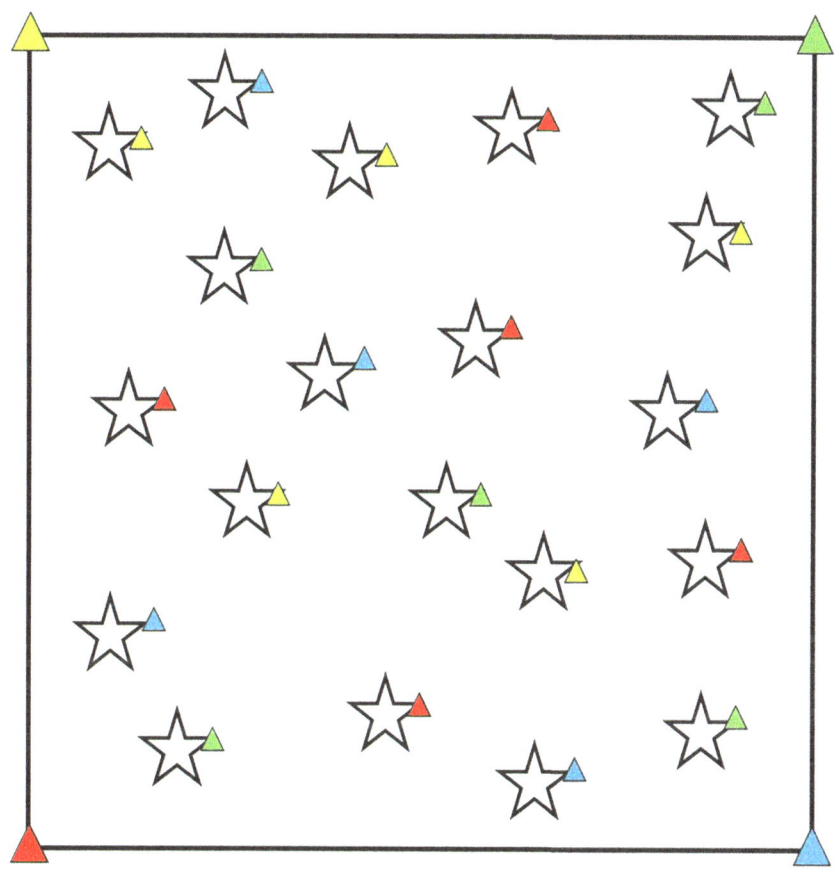

Abb. 24.1 Stadio Diego Armando Maradona Hütchentausch

24.2   Puskas Arena Dribbel-ABC (Budapest)

Organisation
- Es wird ein Spielfeld mit den Maßen 20×20 m aufgebaut.
- Jeder der 16 Spieler befindet sich mit einem Ball am Fuß in diesem Feld.

Ablauf
- Der Trainer gibt vor, wie die Spieler in diesem Feld den Ball dribbeln sollen.
- Wenn der Trainer eine Zahl ruft, z. B. „VIER", geht es darum, sich möglichst schnell zu fünft zusammenzufinden. Jeder Spieler der Fünfergruppe, der dies am schnellsten gelingt, bekommt einen Punkt.

Variation
- Nach der Zahlenvorgabe des Trainers muss zunächst um ein Eckhütchen gedribbelt werden, bevor die Spieler in der entsprechenden Anzahl zusammenfinden können.

Trainer-Tipp
- Es ist auch durchaus möglich, Zahlen zu verwenden, die nicht, bezogen auf die Spieleranzahl, genau aufgehen, bspw. „FÜNF" bei 16 Spielern.
- Darauf achten, dass die Spieler die ganze Zeit in Bewegung sind und nicht nach einer gewissen Zeit lediglich auf das nächste Kommando warten (Abb. 24.2).

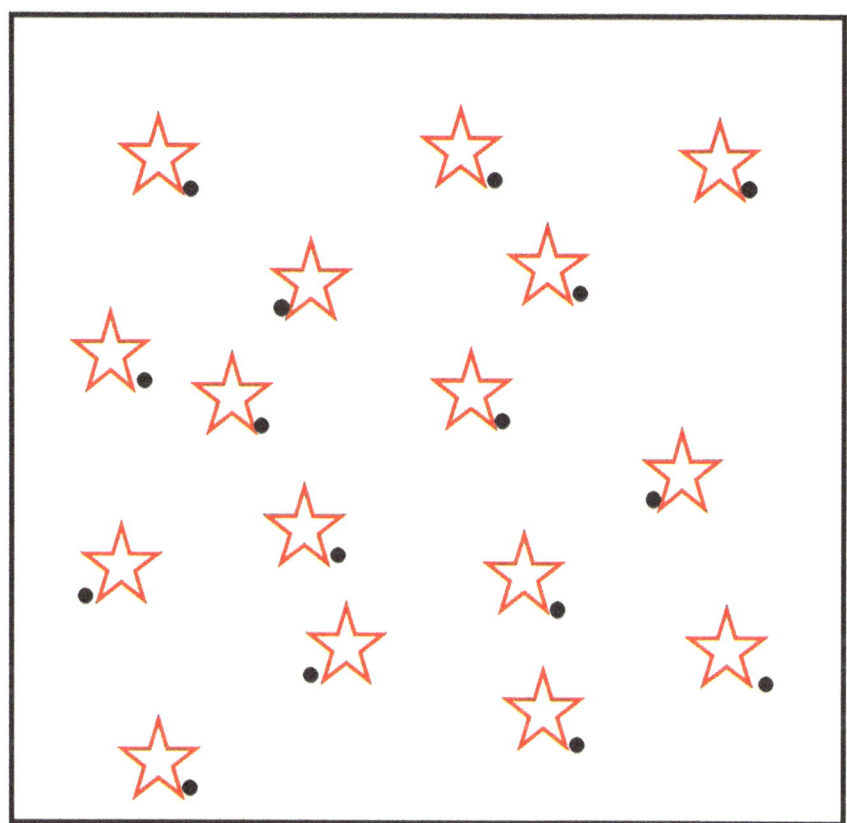

Abb. 24.2 Puskas Arena Dribbel-ABC

24.3   White Hart Lane Ballzirkulation (London – Tottenham Hotspurs)

Organisation

- Es wird ein Spielfeld mit den Maßen 20 m × 20 m abgesteckt.
- Zehn Spieler erhalten jeweils einen roten Ball und einen gelben Tennisball und die anderen zehn Spieler bekommen jeweils einen schwarzen Ball und einen gelben Tennisball.

Ablauf

- Die Spieler dribbeln im Feld kreuz und quer durcheinander und passen sich die roten Bälle mit dem rechten Fuß und die schwarzen Bälle mit dem linken Fuß zu, während die Tennisbälle ständig mit der Hand zugeworfen werden.

Variation

- Weitere Gegenstände neben den Tennis- und Fußbällen hinzufügen, die dann entsprechend andere Bewegungsaufgaben nach sich ziehen.
- Ohne Tennisbälle durchführen, dafür beginnen zehn Spieler mit links und zehn Spieler mit rechts. Spieler A passt mit links, Spieler B muss mit rechts weitermachen, usw.

Trainer-Tipp

- Auf eine Unter- bzw. Überforderung achten und entsprechend mit zusätzlichen Aufgaben oder der Wegnahme des Tennisballes reagieren (Abb. 24.3).

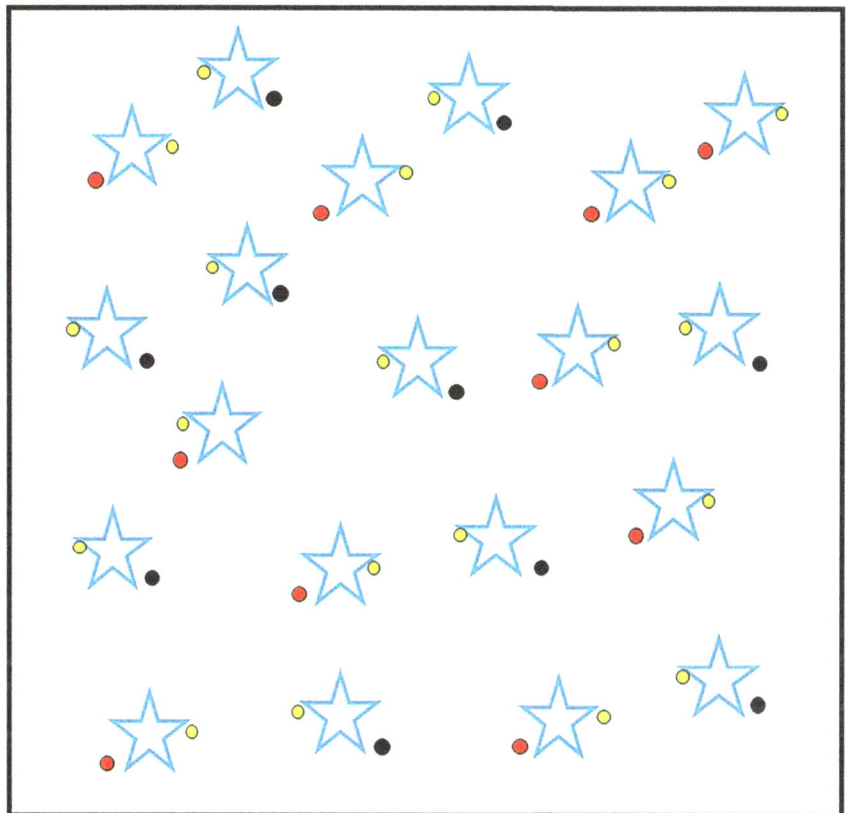

Abb. 24.3 White Hart Lane Ballzirkulation

Intelligenz & Kraft

25

D. Memmert et al., *Kognitives Athletiktraining im Fußball,* Kognitives
Athletiktraining, https://doi.org/10.1007/978-3-662-71275-7_25

25.1 Fortuna Arena Tschechenrolle (Prag)

Organisation
- Ein Feld (doppelter 16er) mit zwei zentralen Toren aufbauen und drei Mannschaften mit fünf Spielern einteilen.
- Die Tore mit jeweils einem Torhüter besetzen.
- Zum Start befinden sich zwei Mannschaften (blau und rot) auf dem Spielfeld und die grüne Mannschaft befindet sich außerhalb des Feldes mit ein wenig Abstand zur Seitenlinie.

Ablauf
- Im Feld wird ein ganz „normales" Fußballspiel 5 vs. 5 gespielt.
- Die grüne Mannschaft, die außerhalb des Spielfeldes positioniert ist, führt Stabilisationsübungen als Bewegungsaufgabe durch, solange bis ein Tor fällt.
- Bei einem Torerfolg wechselt die grüne Mannschaft von außen ins Spielfeld und die Mannschaft, die ein Tor kassiert hat, wechselt zur Stabilisationsaufgabe nach außen.
- Der Ballbesitz ist jeweils bei der Mannschaft, die von außen ins Spiel wechselt.

Variation
- Bei mehr als 1:30 min ohne Torerfolg wird ein Countdown von außen angezählt und die Mannschaft, die länger auf dem Platz ist, muss rauswechseln, falls in der vorgegebenen Zeit kein Tor fällt.
- Der Wechsel wird unabhängig von einem Tor vollzogen, sobald die äußere Mannschaft bspw. insgesamt 120 Liegestütz geschafft hat. (Dabei wird jede einzelne Liegestütz pro Spieler aufaddiert.)

Trainer-Tipp
- Darauf achten, dass die Spieler die Stabilisationsübungen vernünftig ausführen.
- Die Stabilisationsübungen auf Höhe der Mittellinie durchführen; auf keinen Fall neben oder hinter den Toren (Abb. 25.1).

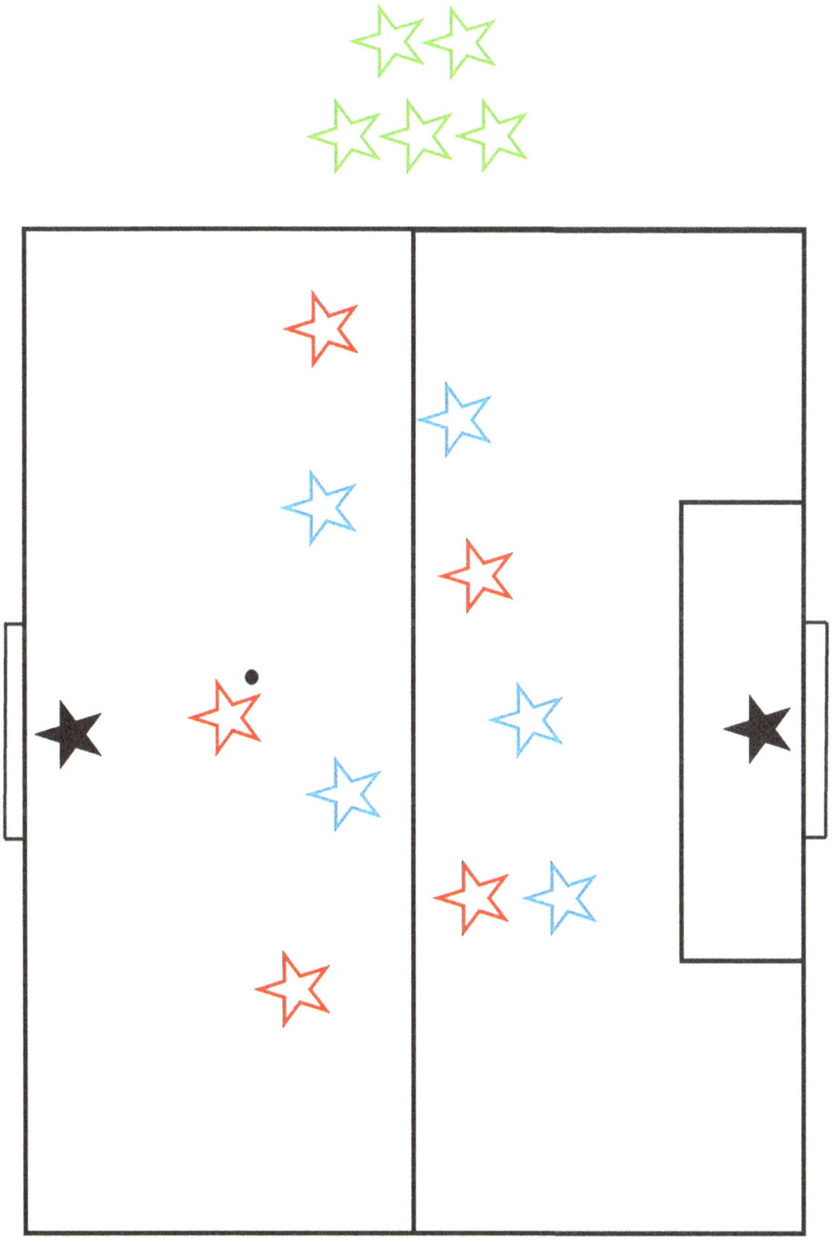

Abb. 25.1 Fortuna Arena Tschechenrolle

25.2   Villa Park Buchstaben- und Zahlensalat (Birmingham – Aston Villa)

Organisation
- Die Spieler stellen sich in vier Reihen und vier Spalten mit einem Abstand von 3 m neben- bzw. hintereinander auf.
- Jeder Spieler bekommt eine Zahl und einen Buchstaben zugewiesen, die Reihen werden von 1–4 durchnummeriert und die Spalten von A-D belegt.
- Der Spieler links vorne hat somit die Zahl 1 und den Buchstaben A.

Ablauf
- Die Spieler beginnen nun mit unterschiedlichen Stabilisationsübungen.
- Wenn der Trainer dann eine Zahl ruft, bspw. die 2, müssen alle Spieler mit der Nummer 2 im Sprint um die restlichen Spieler ihrer Spalte laufen, bis sie wieder auf ihrer Ausgangsposition sind.
- Wenn der Trainer einen Buchstaben ruft, bspw. D, müssen alle Spieler mit dem Buchstaben D im Sprint um die restlichen Spieler ihrer Reihe laufen, bis sie wieder auf ihrer Ausgangsposition sind.

Variation
- Die Stabilisationsübungen nach einer bestimmten Zeit variieren.

Trainer-Tipp
- Es macht Sinn, sich vorab eine Reihenfolge der Buchstaben und Zahlen zu überlegen, damit jeder Spieler die gleiche Anzahl an Sprints nachweist (Abb. 25.2).

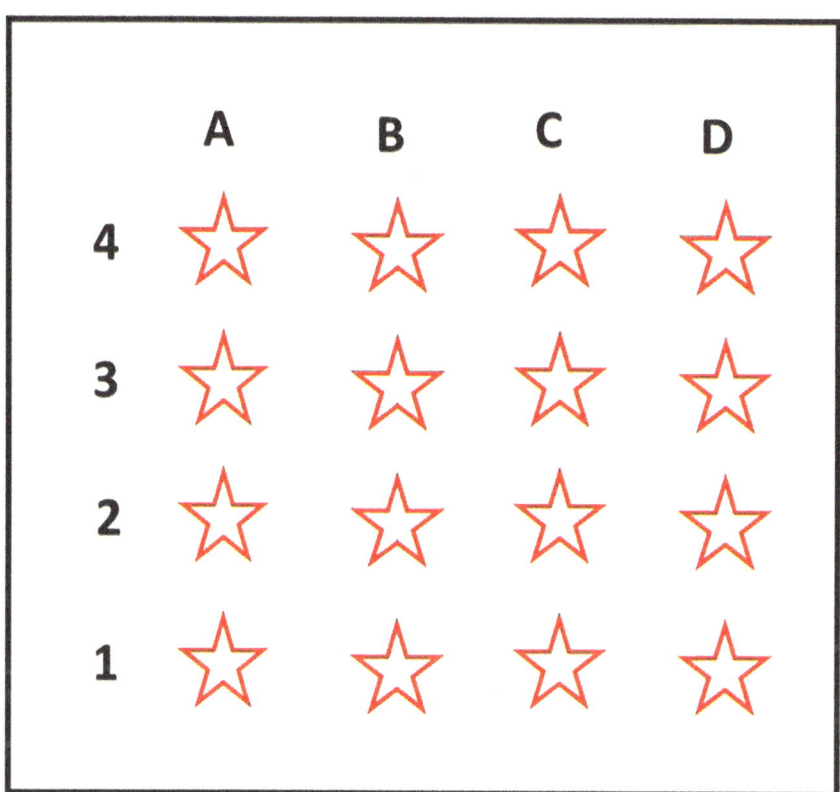

Abb. 25.2 Villa Park Buchstaben- und Zahlensalat

Arbeitsgedächtnis & Schnelligkeit

D. Memmert et al., *Kognitives Athletiktraining im Fußball,* Kognitives Athletiktraining, https://doi.org/10.1007/978-3-662-71275-7_26

26.1   Estadio de la Cerámica Kartensprint (Villareal)

Organisation
- Es wird ein Spielfeld mit den Maßen 15×15 m abgesteckt und in dem mittleren Quadrat (1 m x 1 m) ein Kartenspiel mit der Rückseite nach oben ausgelegt.
- Es werden vier gleichgroße Mannschaften gebildet, die sich an einem der vier Eckhütchen befinden und jeder Mannschaft wird darüber hinaus noch ein Kartensymbol (Karo, Herz, Pik und Kreuz) zugewiesen.

Ablauf
- Auf ein Startkommando sprintet jeweils der erste Spieler pro Mannschaft in die Mitte und deckt eine Karte auf.
- Falls diese Karte identisch mit dem zugewiesenen Kartensymbol seiner Mannschaft ist, darf er diese zum eigenen Eckhütchen mitnehmen.
- Wenn der Spieler eine „falsche" Karte aufdeckt, muss er diese wieder umdrehen und liegen lassen.
- Das Ziel besteht darin, alle Karten des eigenen Kartensymbols in der richtigen Reihenfolge am eigenen Eckhütchen hinzulegen.
- Der nächste Spieler darf losstarten, wenn der Vorgänger ihn am Eckhütchen abgeklatscht hat.

Variation
- Jeder Spieler hat einen Ball am Fuß bzw. jede Mannschaft hat insgesamt einen Ball, der dann entsprechend übergeben werden muss.
- Der nächste Spieler darf bereits loslaufen, wenn der Vorgänger die Karte aufgedeckt hat.
- Die Spieler werden durchnummeriert. Dann laufen alle, die gerade nicht zur Karte sprinten, locker um das Feld herum. Wenn der Vorgänger die Karte aufgedeckt hat, darf der nächste Spieler an der Reihe in die Mitte lossprinten, usw.

Trainer-Tipp
- Darauf achten, dass die „falsche" Karte auf die gleiche Position wieder zurückgelegt wird (Abb. 26.1).

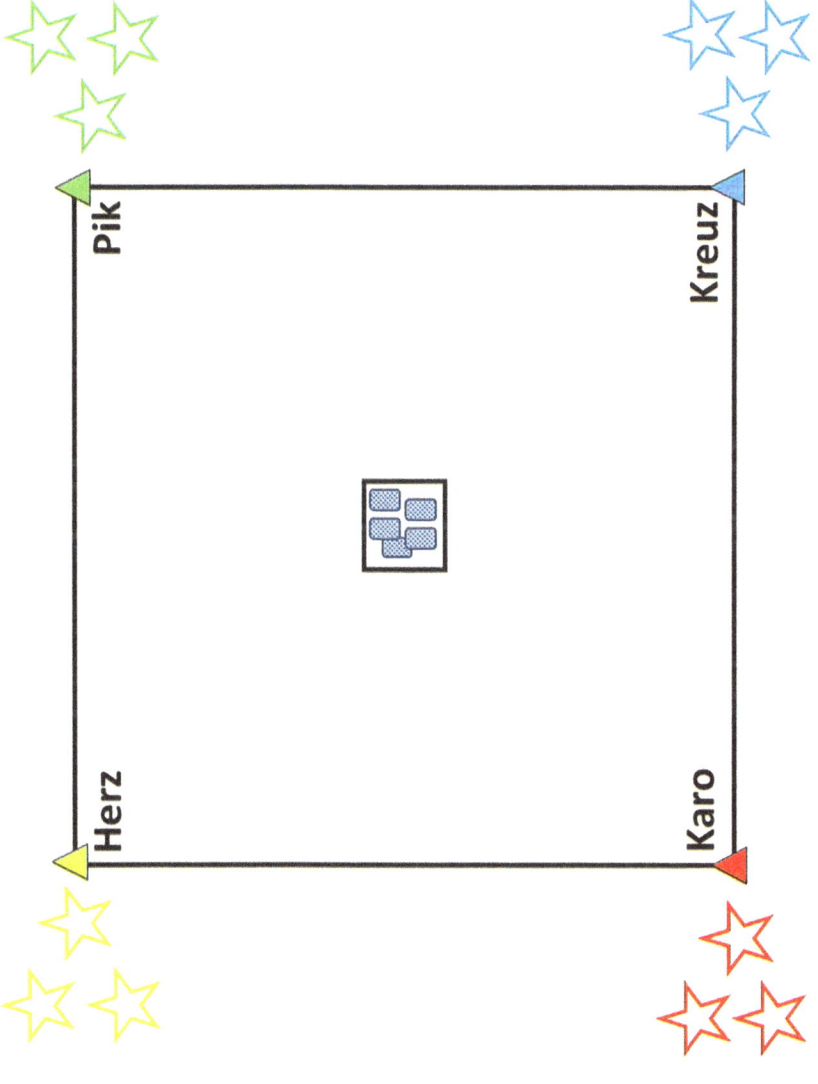

Abb. 26.1 Estadio de la Cerámica Kartensprint

26.2   Giuseppe-Meazza-Stadion Kombi-Sprint (Mailand)

Organisation
- Es wird ein Feld mit vier schwarzen Hütchentoren als Startlinie sowie jeweils vier 10 m davon entfernte 5 m × 5 m große Quadrate mit vier unterschiedlich farbigen Eckhütchen (gelb, rot, blau und grün) aufgebaut.
- Weitere 10 m hinter den Quadraten befinden sich noch jeweils vier Minitore.
- Es werden vier Mannschaften mit jeweils vier Spielern eingeteilt, die sich an die entsprechenden Hütchentore begeben.

Ablauf
- Der erste Spieler pro Mannschaft begibt sich mit Ball am Fuß an die Startlinie.
- Nachdem der Trainer eine Farbkombination ausgerufen hat, z. B. „gelb, grün, rot", müssen die Spieler diese Kombination entsprechend ablaufen, indem immer der weite Weg um die Hütchen gedribbelt werden muss, um anschließend ein Tor in das Minitor zu erzielen.
- Der Spieler, der die Hütchen als Erstes korrekt umdribbelt und zusätzlich noch das Tor erzielt, holt den Punkt für die Mannschaft.
- Danach beginnt der zweite Durchgang mit allen zweiten Spielern.

Variation
- Es kann eine konkrete Schusszone vorgegeben werden, von der auf das Minitor gepasst werden muss.
- Es können wie folgt Punkte vergeben werden: Der erste Spieler erhält fünf Punkte, der zweite drei und der dritte immerhin noch einen Punkt.

Trainer-Tipp
- Darauf achten, dass die Spieler auch wirklich um die jeweiligen Hütchen herumdribbeln (Abb. 26.2).

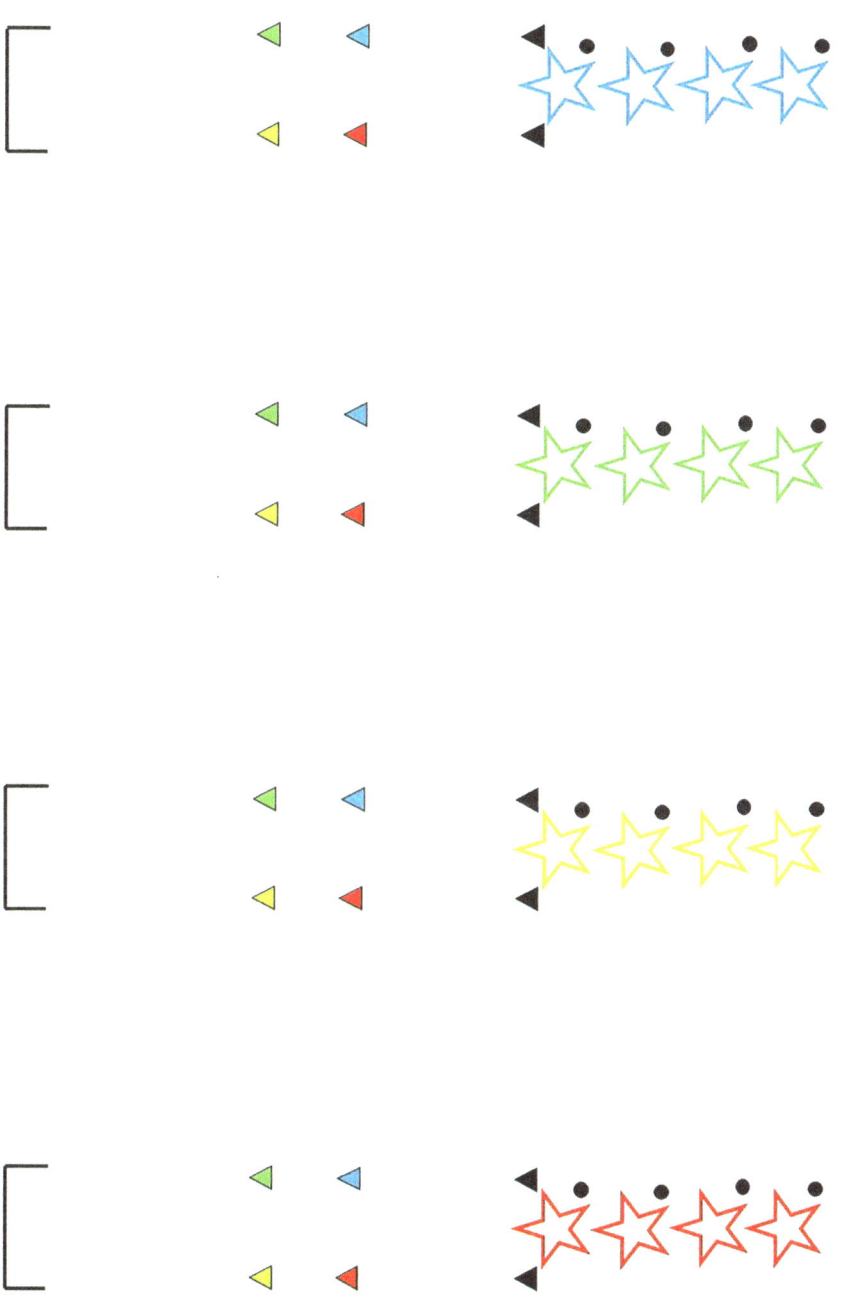

Abb. 26.2   Giuseppe-Meazza-Stadion Kombi-Sprint

26.3   San Mamés Vier-Fänger-Spiel (Bilbao)

Organisation
- Es wird ein Spielfeld mit den Maßen 20 m × 20 m für insgesamt 16 Spieler abgesteckt.
- Es werden vier verschiedene Farben (gelb, rot, blau und grün) für die Eckhütchen des Feldes ausgewählt.
- Die vier Fänger bekommen jeweils eine Hütchenfarbe zugeordnet und die restlichen Spieler haben einen Ball am Fuß.

Ablauf
- Die Spieler dribbeln frei durch das Feld und müssen ihren Ball vor den Fängern verteidigen.
- Wenn der „rote" Fänger einen Spieler fängt, muss der „Gefangene" schnellstmöglich einmal um das rote Hütchen dribbeln.

Variation
- Sowohl die Spieler als auch die Fänger beginnen ohne Ball.
- Sowohl die Spieler als auch die Fänger mit einem Ball ausstatten.
- Spielfeldgröße auf das Niveau der Spieler anpassen.

Trainer-Tipp
- Die Fänger häufiger durchwechseln, um die Intensität während der Übungsform hochzuhalten (Abb. 26.3).

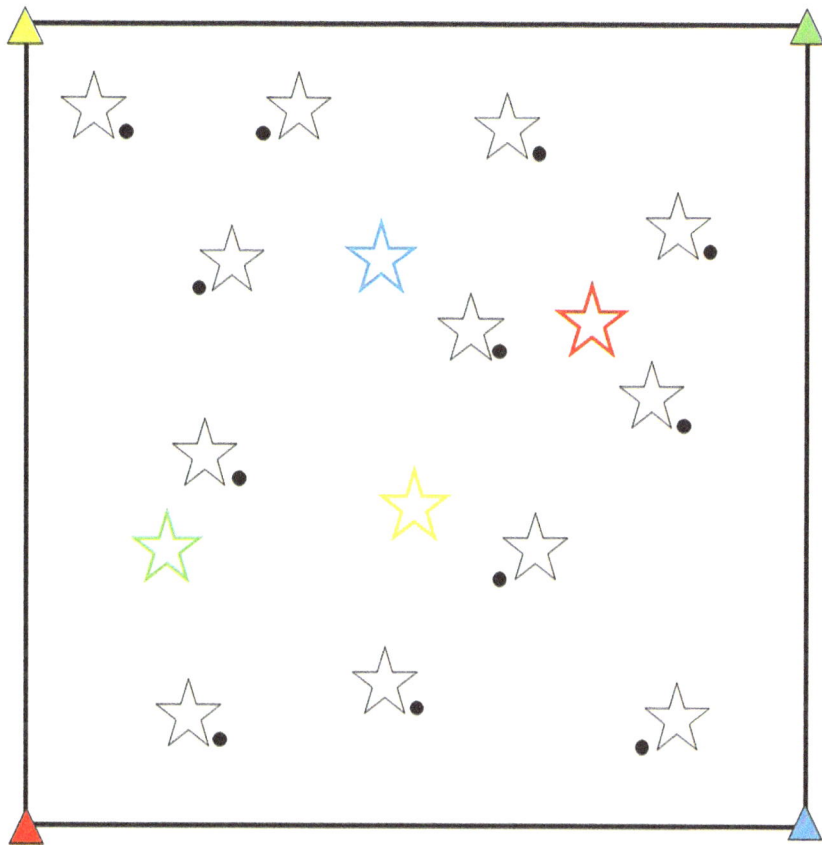

Abb. 26.3 San Mamés Vier-Fänger-Spiel

Arbeitsgedächtnis & Ausdauer

27

Arbeitsgedächtnis & Ausdauer

27

27.1   St. James' Park Nummernspiel (Newcastle)

Organisation
- Ein Feld (doppelter 16er) mit zwei zentralen Toren aufbauen und zwei Mannschaften mit sieben Spielern einteilen.
- Die Tore mit jeweils einem Torhüter besetzen.
- Der Trainer vergibt vorab jedem einzelnen Spieler inklusive der beiden Torhüter eine Nummer, die sich die komplette Mannschaft merken muss.

Ablauf
- Es wird ganz „normal" 6 vs. 6 auf die beiden Tore gespielt.
- Wenn ein Spieler ein Tor erzielt, zählt es allerdings nur, wenn er zusätzlich eine vom Trainer gestellte Frage korrekt beantworten kann, z. B.:
  - Wie lautet die Nummer des Spielers, der dir den Pass zugespielt hat?
  - Wie lautet die Summe der Nummern von den Spielern A, B und E?

Variation
- Nach einer gewissen Zeit müssen die Nummern der Spieler ständig neu besetzt werden.

Trainer-Tipp
- Unbedingt die Nummern für die Spieler selbst immer notieren (Abb. 27.1).

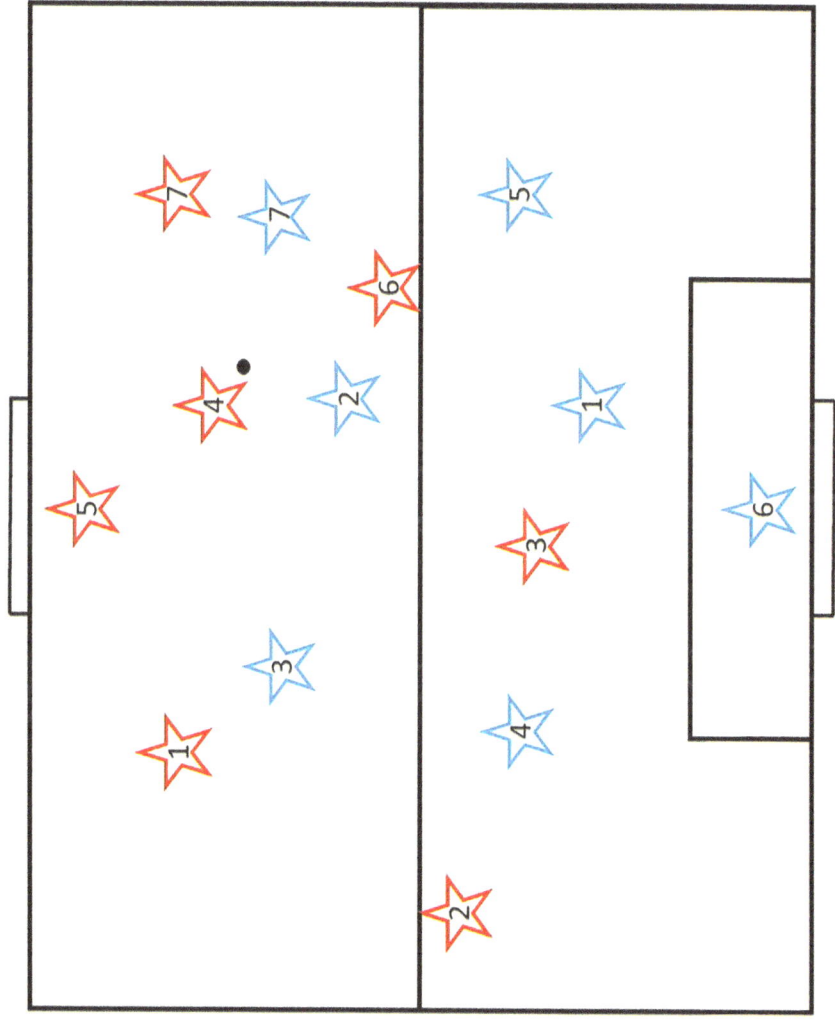

Abb. 27.1 St. James' Park Nummernspiel

27.2 Atatürk-Olympiastadion Sieben-Bälle-Spiel (Istanbul)

Organisation

- Es wird ein 20 m × 20 m Spielfeld mit jeweils einem Mini- und Stangentor auf beiden Grundlinien aufgebaut.
- Es werden zwei Mannschaften mit jeweils drei Spielern eingeteilt und jeweils drei Bälle neben den Seitenlinien auf Höhe der Mittellinie bereitgelegt.

Ablauf

- Es startet ein freies Spiel mit einem siebten Ball, wobei in die Minitore gepasst und durch die Stangentore gedribbelt werden muss, um ein Tor zu erzielen.
- Nach einem Torerfolg darf sich ein Spieler der erfolgreichen Mannschaft direkt einen Ball auf Höhe der Mittellinie holen und direkt weiterspielen.
- Die Mannschaft, die mit den sieben Bällen mehr Tore erzielt, gewinnt.

Variation

- Nach jedem Torerfolg wechselt noch zusätzlich die Spielrichtung.
- Anstelle von Mini-Toren kann auch auf „normale" Tore inklusive Torhüter gespielt werden.

Trainer-Tipp

- Um zu lange Standzeiten zu vermeiden, bietet es sich an, mehrere Felder aufzubauen bzw. mit dem Rest der Mannschaft parallel etwas anderes zu trainieren (Abb. 27.2).

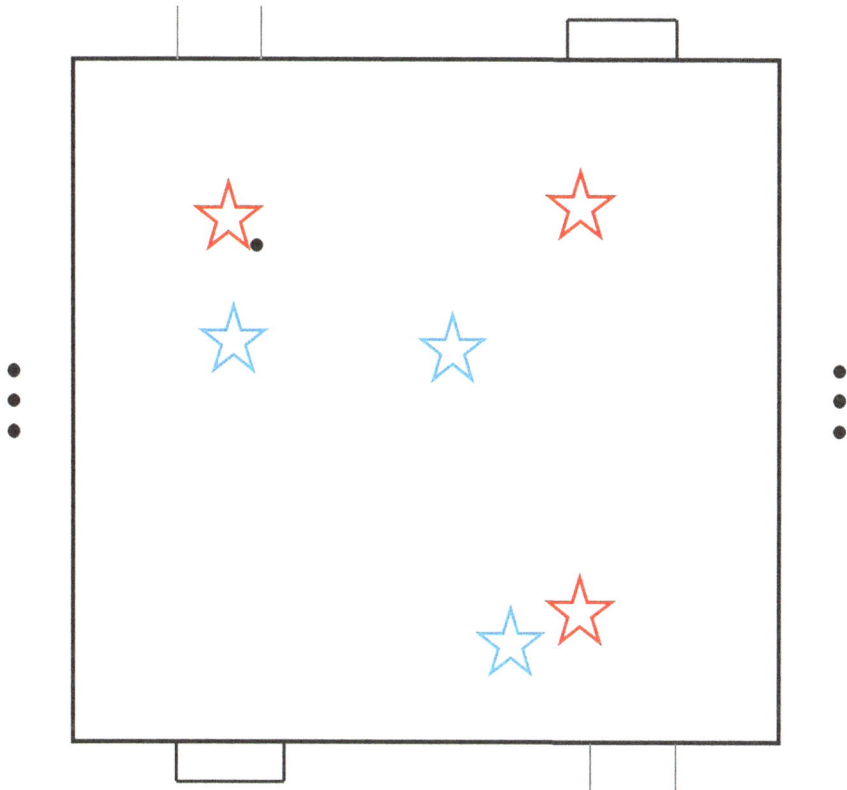

Abb. 27.2 Atatürk-Olympiastadion Sieben-Bälle-Spiel

27.3   Karaiskakis-Stadion Balleroberung (Piräus)

Organisation
- Es wird ein 20×20 m Spielfeld mit vier gleichgroßen Quadraten (10×10 m) aufgebaut.
- Es werden zwei Mannschaften mit jeweils drei Spielern sowie vier neutralen Spielern eingeteilt, wobei jeder neutrale Spieler eine Seite besetzt.

Ablauf
- Eine Dreier-Mannschaft spielt auf Ballbesitz mithilfe der vier neutralen Spieler, während die andere Dreier-Mannschaft versucht, den Ball zu erobern.
- Die drei Spieler der Ballbesitz-Mannschaft müssen sich im großen Quadrat allerdings immer in unterschiedlichen kleinen Quadraten befinden; somit darf sich pro kleinem Quadrat in Ballbesitz nur ein Spieler aufhalten.
- Nach einer bestimmten Zeit (1 min) die Spieler von außen nach innen und von der ballbesitzenden zur verteidigenden Mannschaft durchwechseln.
- Welche Dreier-Mannschaft schafft in 1 min die meisten Balleroberungen?

Variation
- Welche Mannschaft schafft innerhalb der einen Minute die längste Pass-Serie, ohne dass die gegnerische Dreier-Mannschaft an den Ball kommt?

Trainer-Tipp
- Genau darauf achten, dass auch wirklich immer nur ein Spieler der ballbesitzenden Mannschaft in einem der vier Quadrate ist (Abb. 27.3).

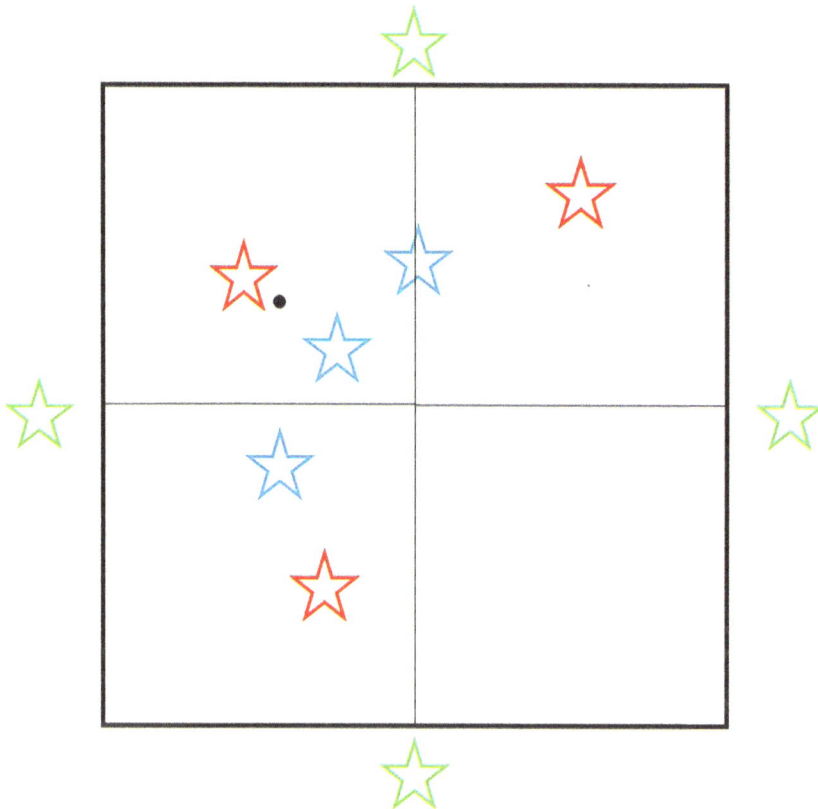

Abb. 27.3 Karaiskakis-Stadion Balleroberung

Arbeitsgedächtnis & Koordination

28.1   Waldstadion Torschussansage (Frankfurt)

Organisation
- Auf Höhe der 16 m Linie wird spiegelgleich ein kleines gelbes Hütchentor sowie ein 10 m davon entferntes schwarzes Quadrat aufgebaut.
- Ein Torhüter befindet sich im normalen Erwachsenentor.
- Es werden zwei Mannschaften gebildet, die sich jeweils mit Ball am Fuß in einer Reihe hinter dem gelben Hütchentor aufstellen.

Ablauf
- Die Aufgabe der Spieler ist es nun, ihren Ball mit dem ersten Kontakt in das entsprechende schwarze Quadrat zu passen, dem Ball nach zu laufen, um dann mit dem zweiten Kontakt innerhalb des Quadrates auf das Tor zu schießen.
- Ungefähr drei Schritte bevor der Spieler schießt, bekommt er vom Trainer eine Zahl mitgeteilt: Die ungeraden Zahlen stehen dabei für die kurze und die geraden Zahlen für die lange Ecke.
- Ruft der Trainer die Zahl „FÜNF" und der Spieler trifft in die kurze Ecke das Tor, zählt es doppelt.
- Ruft der Trainer die Zahl „FÜNF" und der Spieler trifft nicht in die kurze Ecke das Tor, zählt es einfach.
- Wenn der Spieler kein Tor erzielt, gibt es so oder so keinen Punkt.
- Nachdem ein Spieler von der linken Seite geschossen hat, geht es direkt von rechts weiter.
- Jeder Spieler holt sich nach dem Abschluss seinen eigenen Ball und stellt sich auf der anderen Seite wieder an, sodass im ständigen Wechsel mit links und rechts abgeschlossen wird.

Variation
- Anstelle des Trainers kommt das Zahlenkommando vom Mitspieler, der hinter ihm steht.
- Der Trainer stellt einfache Rechenaufgaben und das Ergebnis ist die entsprechende Zahl.

Trainer-Tipp
- Den Spielern die Regeln mit den Zahlen so erklären, dass der Torhüter davon nichts mitbekommt.
- Auf einen zügigen Ablauf achten, damit die Standzeiten möglichst gering-gehalten werden (Abb. 28.1).

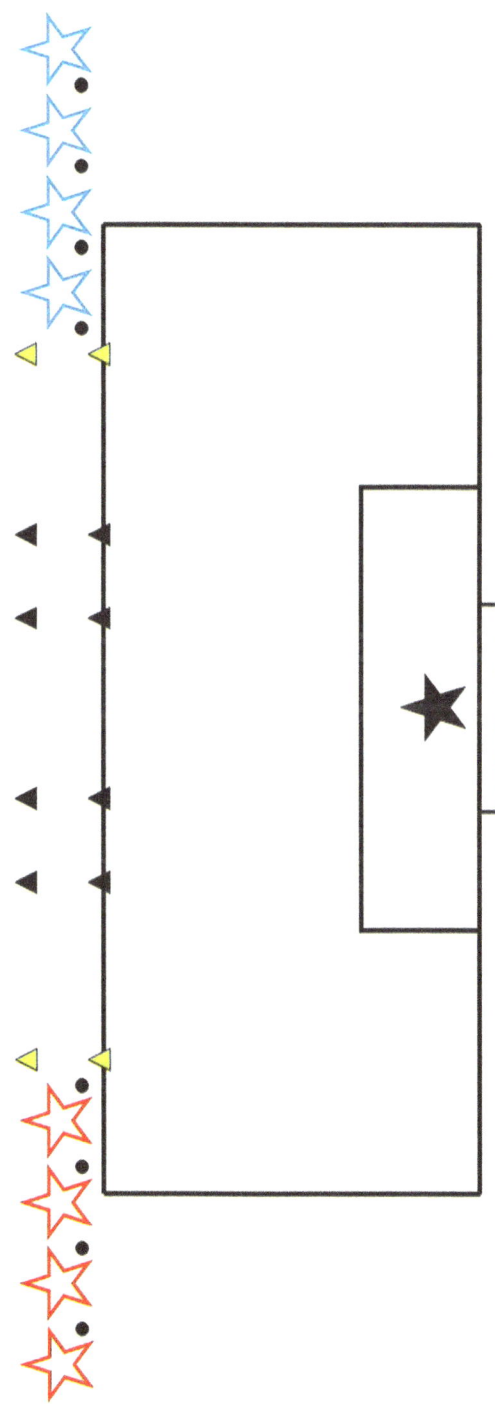

Abb. 28.1 Waldstadion Torschussansage

28.2   London Stadium Fragerunde (London)

Organisation
- Es wird ein 20 m×20 m Spielfeld mit vier großen farbigen Eckhütchen aufgebaut.
- Jeder Spieler ist in Besitz eines Balles und befindet sich in diesem Feld.

Ablauf
- Der Trainer gibt vorab den Spielern die Informationen, für was die vier farbigen Eckhütchen in den folgenden fünf Durchgängen stehen, z. B.:
  - 5 – 12 – 23 – 30
  - Bayer Leverkusen – Bayern München – VfB Stuttgart – Borussia Dortmund
  - Affe – Elefant – Giraffe – Löwe
  - Deutschland – England – Frankreich – Brasilien
  - Europa – Asien – Amerika – Afrika
- Die Spieler beginnen nun, kreuz und quer durch das Feld zu dribbeln und bekommen ständig neue Aufgaben durch den Trainer vorgegeben.
- Nach einer gewissen Zeit stellt der Trainer bspw. eine der folgenden Fragen:
  - Was ergibt 6×5?
  - Wer war Deutscher Meister in der Saison 23–24?
  - Welches Tier hat den längsten Hals?
  - Wer wurde 1966 Fußball-Weltmeister?
  - Zu welchem Kontinent gehört das Land Burundi?
- Die Spieler müssen nun schnellstmöglich ihre Antwort geben, indem sie zu dem „passenden" Eckhütchen dribbeln.

Variation
- Zuerst ohne Fragen starten, sondern lediglich die Begriffe abfragen.
- Nicht direkt fünf Kategorien vorgeben, sondern mit weniger beginnen.

Trainer-Tipp
- Spieler animieren, selbstständige Entscheidungen zu treffen und nicht einfach allen bzw. jemandem hinterherlaufen.
- Die Antworten für die jeweiligen Eckhütchen selbst genau dokumentieren (Abb. 28.2).

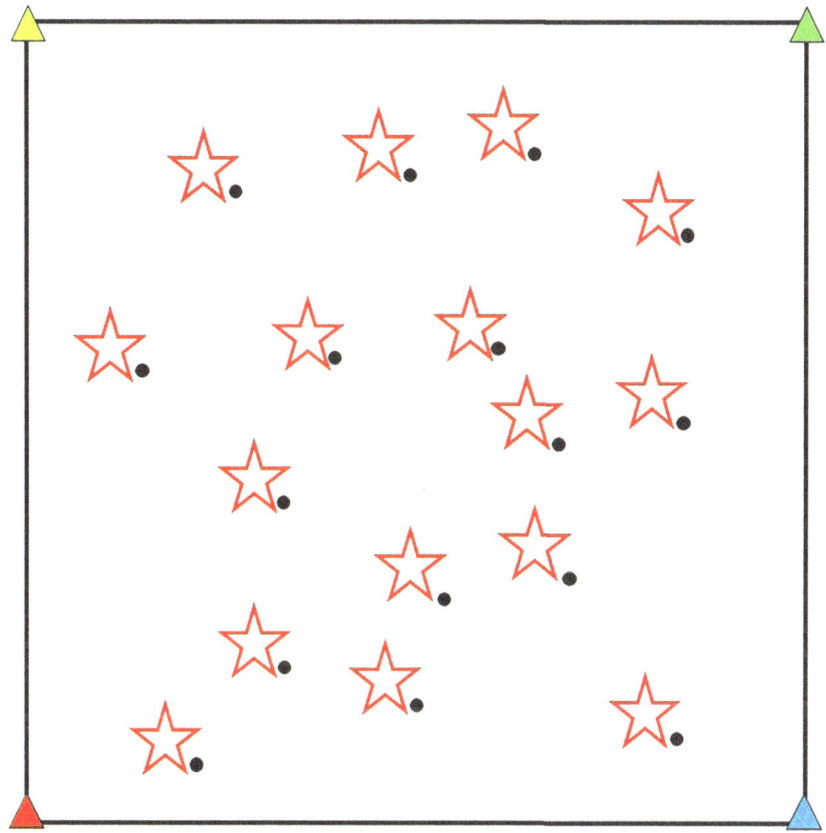

Abb. 28.2 London Stadium Fragerunde

28.3   Stadion Partizana Memory (Belgrad)

Organisation

* Es wird ein 30×30 m Spielfeld aufgebaut.
* Neben dem Feld werden verschiedenfarbige Hütchen platziert.
* Es werden zwei Mannschaften mit jeweils 5 Spielern gebildet.

Ablauf

* Der Trainer baut eine bestimmte Hütchenreihenfolge neben dem Feld auf, den sich die Spieler zehn Sekunden lang einprägen sollen.
* Danach spielen die Mannschaften Zehnerball.
* Schafft eine Mannschaft also zehn Pässe, ohne dass der Gegner am Ball war und ohne dass der Ball im Aus war, bekommt sie einen Punkt.
* Einen Zusatzpunkt kann diese Mannschaft noch erreichen, indem die Spieler gemeinsam die exakte Hütchenreihenfolge des Trainers nachlegen, die mittlerweile natürlich mit bspw. Leibchen abgedeckt wurde.

Variation

* Es gibt lediglich einen Punkt, wenn die Hütchenreihenfolge richtig gelegt wurde.
* Der Trainer bestimmt einen Spieler aus der Mannschaft, der allein die richtige Hütchenreihenfolge legen muss.
* Die Anzahl der Hütchen kann und sollte nach jedem Durchgang variiert werden.
* Anstelle von Hütchen können auch andere Materialien genutzt werden.

Trainer-Tipp

* Darauf achten, dass die Hütchen nach den zehn Sekunden möglichst schnell abgedeckt werden.
* Den Spielern lediglich 20 s lang Zeit geben, bis sie denken, die richtige Hütchenreihenfolge gelegt bzw. genannt zu haben (Abb. 28.3).

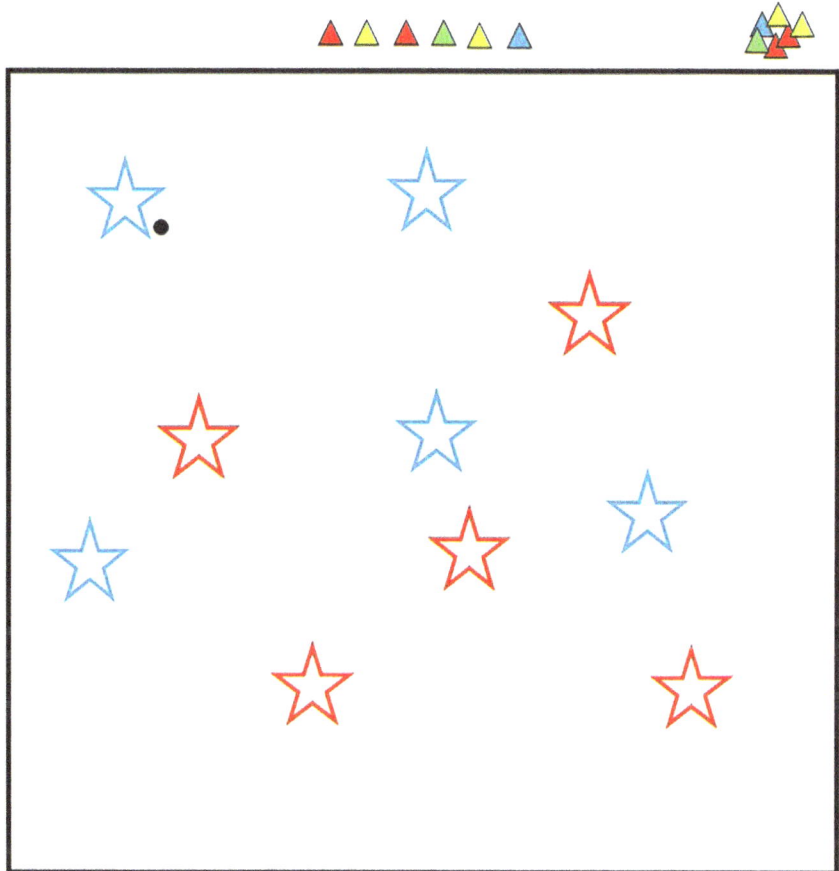

Abb. 28.3 Stadion Partizana Memory

Arbeitsgedächtnis & Kraft

D. Memmert et al., *Kognitives Athletiktraining im Fußball,* Kognitives
Athletiktraining, https://doi.org/10.1007/978-3-662-71275-7_29

29.1   Hampdenpark Zahlenlegen (Glasgow)

Organisation

- Es werden zwei Mannschaften mit acht Spielern gebildet, die beide 10 m entfernt vom 16er stehen.

Ablauf

- Der Trainer steht zwischen den beiden Mannschaften und gibt nun entweder eine Zahl oder einen Buchstaben vor, den die beiden Mannschaften schnellstmöglich im 16er in einer Stabilisationsübung (z. B. Plank-Position) „legen" müssen, sodass es der Trainer von seiner Position aus lesen kann.
- Dabei müssen sich alle Spieler daran beteiligen, jeder muss sich mit dem kompletten Körper im 16er befinden und es dürfen sich keine Körperteile der unmittelbar nebeneinanderliegenden Spieler überlappen.
- Die Zahl bzw. der Buchstabe müssen anschließend für eine Minute in der vorgegebenen Stabilisationsübung gehalten werden.

Variation

- Bei den Zahlen kann der Trainer eine Rechenaufgabe stellen, sodass im Anschluss das Ergebnis gelegt werden muss.
- Nach jedem Durchgang kann die Stabilisationsübung durchgewechselt werden.

Trainer-Tipp

- Selbst genau die Regeln beachten, wenn es darum geht, welche Mannschaft den Punkt bekommt.
- Beiden Mannschaften den Hinweis geben, dass auch die zweite Mannschaft, die in die Stabilisationsübung kommt, noch gewinnen kann, sollte bspw. Mannschaft A die Übung nicht eine Minute lang durchhalten oder die Aufgabe falsch gelegt haben (Abb. 29.1).

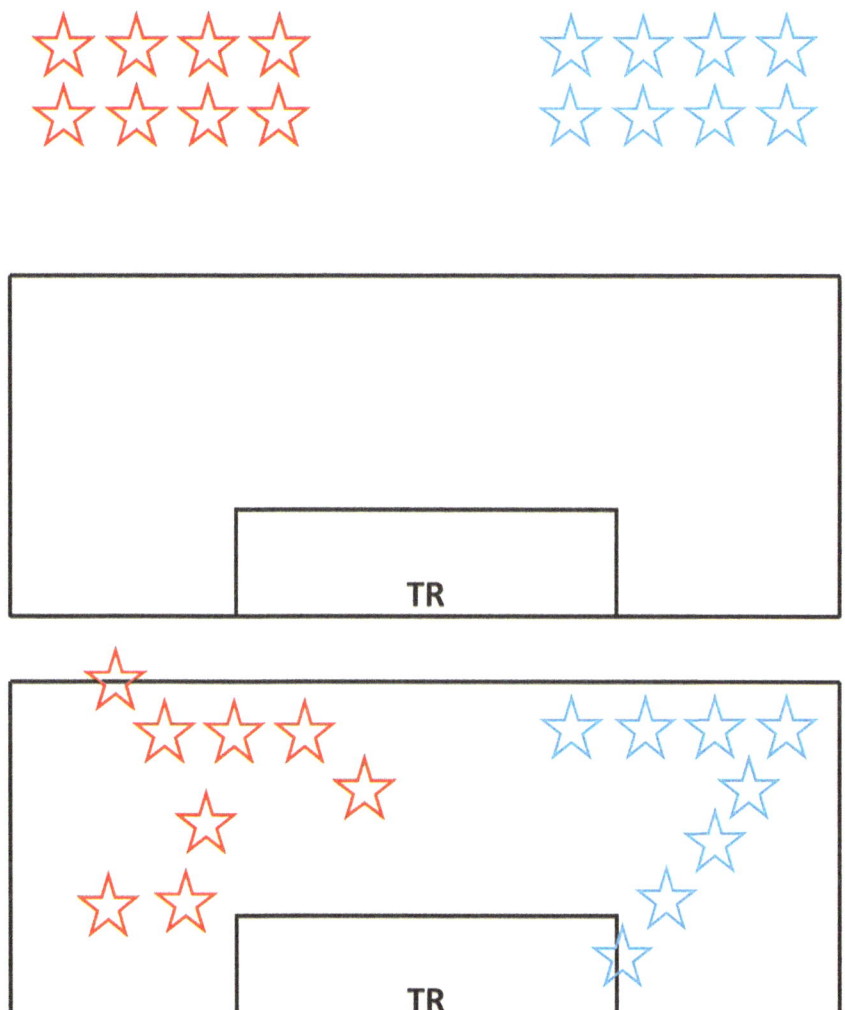

Abb. 29.1 Hampdenpark Zahlenlegen

29.2   Dreisamstadion Kartenspiel (Freiburg)

Organisation
- Es wird ein Spielfeld mit den Maßen 20 m × 20 m abgesteckt und in dem mittleren Quadrat (1 m x 1 m) ein Kartenspiel mit der Rückseite nach oben ausgelegt.
- Es werden vier gleichgroße Mannschaften gebildet, die sich an einem der vier Eckhütchen befinden.

Ablauf
- Das Ziel jeder Mannschaft ist es, am Ende die meisten Karten zu besitzen.
- Auf ein Start-Kommando läuft der erste Spieler jeder Mannschaft in die Mitte, holt sich eine der verdeckt liegenden Karten und läuft zurück zu seinen Mitspielern, um mit dem Nächsten abzuklatschen.
- Nachdem der Nächste gestartet ist, führt der erste Spieler, je nachdem, welche Karte er gezogen hat, die entsprechende Übung aus.
- Dabei stehen die Karten für folgende Übungen:
  - Herz = Squat Jumps
  - Karo = Crunches
  - Piek = Hampelmänner
  - Kreuz = Liegestütz
- Die Spieler führen so viele Wiederholungen aus, wie die Zahl auf der Karte vorgibt; bei dem Buben, der Dame und dem König machen die Spieler zehn Wiederholungen und bei dem Ass insgesamt elf.

Variation
- Die Mannschaft, die nach dem Zählen der Kartenwerte das höchste Ergebnis mit ihren Karten erreicht hat, gewinnt.
- Die Anzahl der Kartensets bis auf maximal vier erhöhen, mit denen gleichzeitig gespielt wird.

Trainer-Tipp
- Darauf achten, dass die Spieler ihre Übungen korrekt und der gezogenen Karte entsprechend häufig ausführen (Abb. 29.2).

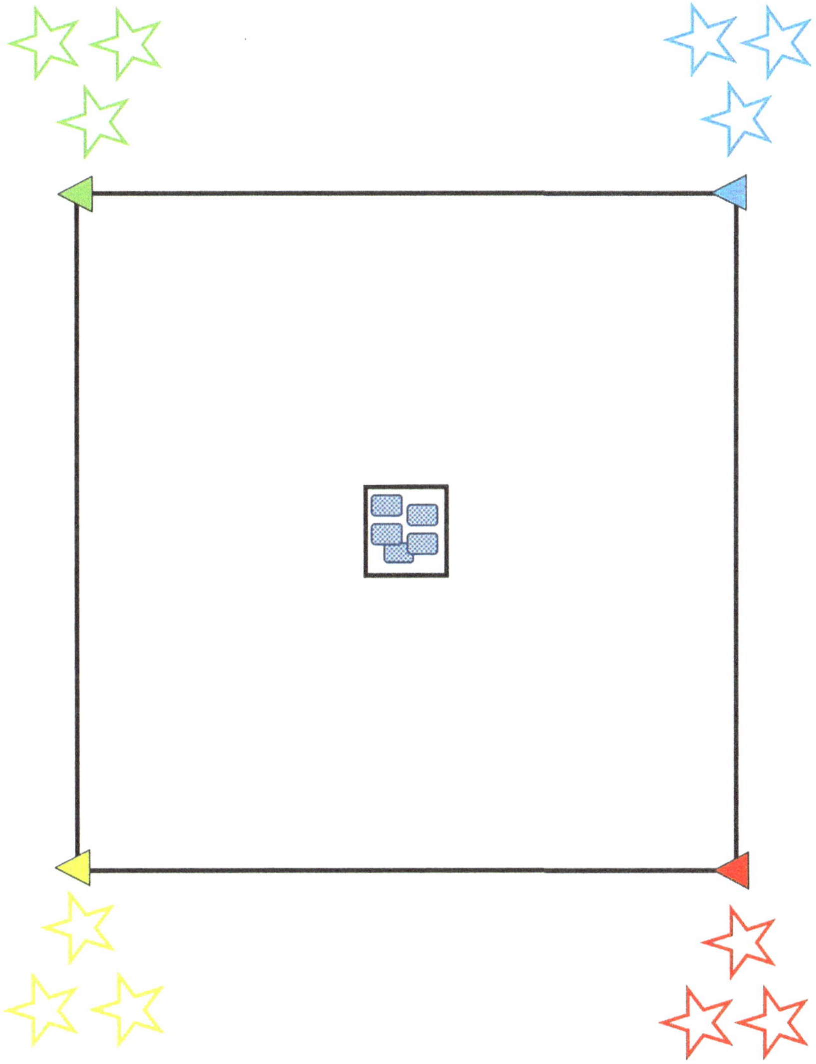

Abb. 29.2 Dreisamstadion Kartenspiel

The manufacturer's authorised representative in the EU is Springer
Nature Customer Service Centre GmbH, Europaplatz 3, 69115 Heidelberg,
Germany. If you have any concerns regarding our products, please
contact ProductSafety@springernature.com

Printed and bound by CPI Group (UK) Ltd, Croydon, CR0 4YY

28/04/2026

02098516-0009